초등학생을 위한 똑똑한 **돈** 설명서

DOSH : How to Earn It, Save It, Spend It, Grow It, Give It
Copyright © Rashmi Sirdeshpande 2020 All rights reserved. Korean translation rights arranged with Darley Anderson Children's Book Agency Ltd., London through Danny Hong Agency, Seoul.
Korean translation copyright © 2020 by Solbitkil

이 책의 한국어판 저작권은 대니홍 에이전시를 통한 저작권사와의 독점 계약으로 솔빛길에 있습니다. 저작권법에 의해 한국 내에서 보호를 받는 저작물이므로 무단 전재와 복제를 금합니다.

## 초등학생을 위한 똑똑한 돈 설명서

1판 1쇄 발행 2021년 1월 4일
1판 7쇄 발행 2023년 7월 3일

**지은이** 라슈미 시르데슈판드
**일러스트** 애덤 헤이즈
**옮긴이** 이하영
**발행인** 도영
**디자인** 씨오디
**편집 및 교정 교열** 하서린, 김미숙
**발행처** 솔빛길  **등록** 2012-000052
**주소** 서울시 마포구 동교로 142, 5층 (서교동)
**전화** 02) 909-5517
**팩스** 02) 6013-9348, 0505) 300-9348
**이메일** anemone70@hanmail.net

copyright ⓒ Rashmi Sirdeshpande
illust ⓒ Adam Hayes

ISBN 978-89-98120-73-3  73320

* 책값은 뒤표지에 있습니다.
* 이 도서의 국립중앙도서관 출판예정도서목록(CIP)은 서지정보유통지원시스템 홈페이지 (http://seoji.nl.go.kr)와 국가자료종합목록 구축시스템(http://kolis-net.nl.go.kr)에서 이용하실 수 있습니다.(CIP제어번호: CIP2020054170)

# 초등학생을 위한 똑똑한 돈 설명서

지은이 · 라슈미 시르데슈판드

일러스트 · 애덤 헤이즈

옮긴이 · 이하영

솔빛길

내가 아는 가장 인심 후한 사람,
나의 아버지께
– R. S.

# 차 례

돈의 세계에 온 것을 환영합니다     7

제1장   돈이 뭔가요?     16

제2장   돈을 버는 방법     42

제3장   돈을 쓰는 방법     66

제4장   돈을 저축하는 방법     90

제5장   돈을 불리는 방법     112

제6장   돈을 기부하는 방법     138

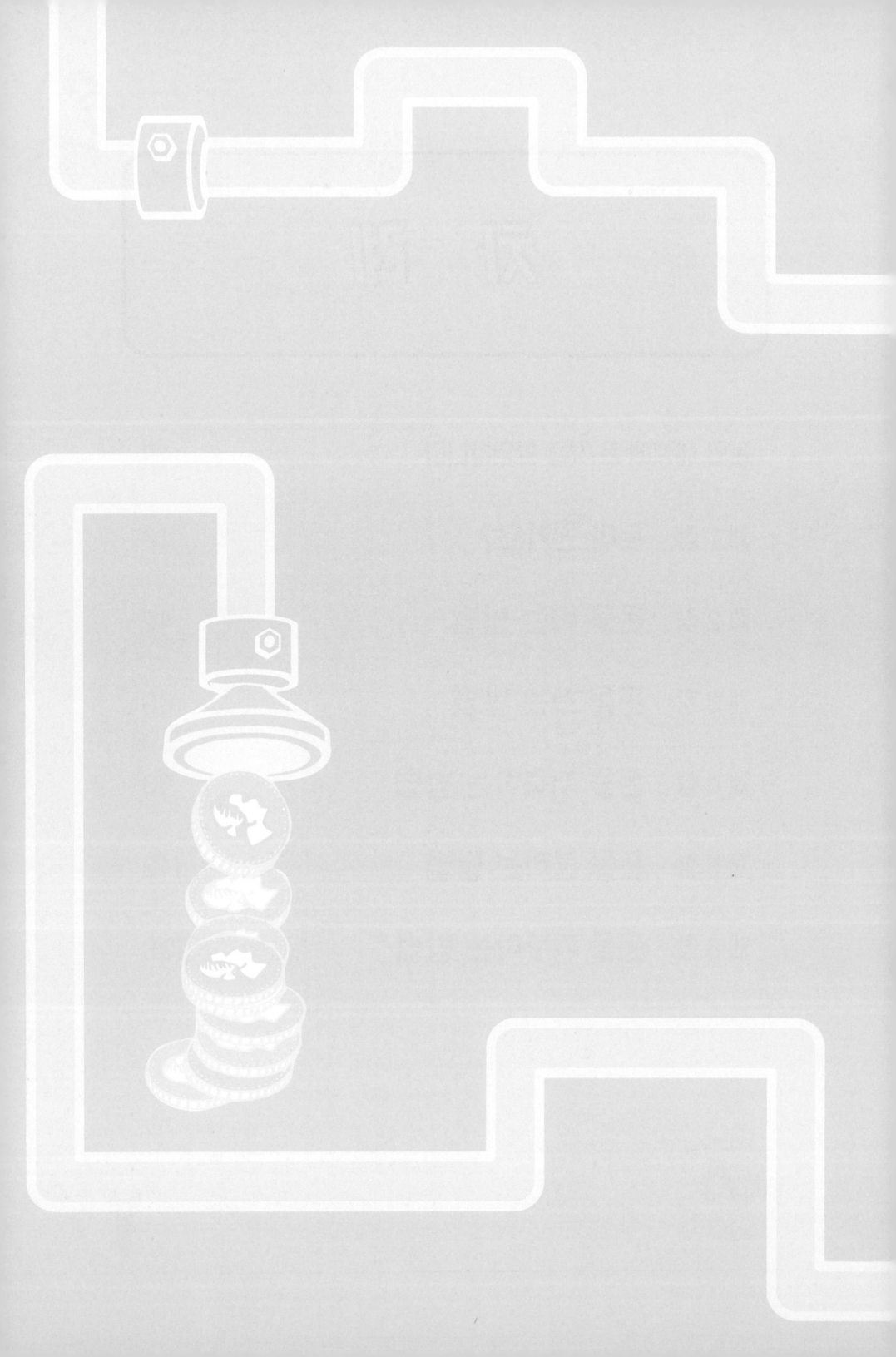

돈의 세계에
온 것을
환영합니다

이름도 여러 가지이고 모양도 여러 가지이지만, **돈**은 전 세계에서 수천 년간 물건을 사고 만들고 삶을 바꾸는 데 쓰였어요. '돈' 하면 뭐가 떠오르나요? 켜켜이 쌓인 금괴? 오랫동안 모은 돈으로 마침내 기타를 사는 것? 부유한 유명인처럼 호화로운 삶을 사는 것? 돈은 이 모든 것을 가능하게 하지만, 일단은 돈이 어떻게 작동하는지, 돈을 어떻게 벌지, 번 돈을 어디다 쓸지 알아야 해요. 그걸 배운 시점부터 재미있는 일들이 펼쳐지죠. 돈이란 오늘은 원하던 기타를 손에 쥐는 걸 의미할지도 모르지만, 수년이 지난 뒤에는 내가 늘 원했던 삶을 살아가는 원동력이 될 수도 있어요. 아직은 먼 미래의 이야기 같지만, 돈에 대한 좋은 습관을 기르는 것(그리고 상황이 좋지 않을 때 어떻게 할지 아는 것)은 여러분이 옳은 길을 갈 수 있게 해 줄 거예요. 거기에 이 책이 도움이 될 거고요.

## 그러면 잠깐. '돈'은 뭘까요?

시간이 흐를수록 '돈'은 많이 변화했습니다. 금속 동전에서, 종이로, 플라스틱으로, 휴대폰 디지털 지갑 속 카드까지. 하지만 돈이 하는 일은 변하지 않았답니다.

### ① 돈은 교환을 위한 도구입니다

이게 대체 무슨 소린지 궁금하죠? 그냥 돈은 물건을 사고파는 데 쓴다는 말을 어렵게 표현한 거예요. 사실은 간단해요.

### ② 돈은 가치의 저장고입니다

가진 돈을 바로 쓸 필요가 없다는 뜻이에요. 그냥 뒀다가 나중에 쓸 수도 있고, 더 큰 돈이 필요하다면 저축을 할 수도 있죠. 우주여행을 위해 돈을 모으고 있나요? 문제없어요(사실 지금도 벌써 우주여행 티켓을 살 수 있답니다. 엄청나게 비싸지만요.).

### ③ 돈은 세는 단위입니다

돈을 세서 우리가 가진 액수가 얼마인지 알 수 있습니다. 아주 유용한 기능이죠? 또한 돈은 물건에 값을 매기거나 값을 비교하기 위해서도 쓰입니다.

돈은 종종 안 좋은 평판에 시달려요. **몹시 안 좋은 평판** 말이에요.

그렇지만 돈 자체는 착하지도 나쁘지도 않아요. 중요한 건 우리가 돈을 가지고 뭘 하느냐 하는 거예요. 그리고 돈을 효과적으로 사용하는 방법을 배우면, 돈은 사람들에게 많은 힘을 주고 세상에 아주 좋은 영향을 미칠 수 있어요. 가장 단순한 사실은, 우리가 돈을 필요로 한다는 거예요. 돈이 있어야 여러분이 살 집, 먹을 음식, 입을 옷을 마련할 수 있어요. 돈은 여러분의 교육과 건강을 책임져요. 돈은 사람들이 사업을 시작하고 가족을 돌볼 수 있게 해 줍니다. 자연재해가 일어난 뒤에 도시를 통째로 새로 지을 수도 있게 해 줘요. **그래요. 돈은 아주 끝내줘요!**

하지만 돈은 가끔 나쁠 때도 있어요. 나쁜 용도로 사용되거나, 스트레스의 원인이 되기도 해요. 어떤 사람들은 자신이 돈을 충분히 가지지 못했다고 걱정하고, 어떤 사람들은 심지어 돈을 두고 싸우기까지 하죠. 또 어떤 사람들은 돈이 있으면 행복할 거라고 생각하고, 돈이 많으면 그만큼 더 행복할 거라고 생각해요. 하지만 부자도 불행할 수 있고, 거의 아무것도 가지지 못해도 매우 행복할 수 있어요! 끊임없이 원하고 원할 수 있는 게 돈이지만(억만장자들도 사기 힘든 섬이 한두 곳은 있을 테니까요!), 어느 시점에는 가진 것에 감사하기 위해 멈추어야 해요. 무엇보다, 기본적인 것을 갖출 수만 있다면 삶에서 가장 중요한 것들은 사실상 공짜이니까요. 예를 들어 좋은 친구들과 함께 웃고 어울리는 시간이 있죠.

그러니까 돈을 잘 사용하는 방법(그리고 결코 잘못 사용하지 않는 방법)을 알아야 해요. 우리가 돈을 다루어야지, 돈이 우리를 마음대로 다루게 해서는 안 돼요!

## 돈은 도구입니다

"돈을 갖고 싶다."라는 말의 실제 의미는 "돈을 가지고 할 수 있는 경험과 우리가 누릴 수 있는 삶을 원한다."라는 거예요. 영화에 나오는 악당처럼 잔뜩 쌓인 돈을 종일 쳐다보는 건 재미없지만, 그 돈을 써서 세계 방방곡곡 여행을 다닐 수는 있죠. 돈을 우걱우걱 씹어 먹을 순 없지만, 맛있는 초콜릿 케이크를 살 수는 있을 거예요. 그게 아니면 배고픈 누군가를 위해 따뜻한 밥 한 끼를 살 수도 있을 테고요. 우리가 원하는 건 이러한 최종 목적이지, 그 목적에 다다르기 위해 사용하는 지폐나 동전이 아닌 거죠.

어딘가에 요술 램프를 숨겨 두지 않은 이상 여러분이 쓸 수 있는 돈은 한정되어 있어요. 따라서 가진 돈을 어떻게 쓸지 정해야 해요. 즉 우선순위를 정하고 선택을 해야 하는 거죠.

---

### 우선순위를 정하기 = 목록 만들기

**<정말 아주 중요해>**

## 부터

**<에이, 이건 별로 중요하지 않아>**

## 까지

나쁜 소식은 우리 인간들이 이 두 가지를 잘 못한다는 거예요.

그리고 좋은 소식은 그 부분을 고칠 수 있다는 거예요. 조급하게 결정하기보다 생각을 좀 한다면, 좋은 선택을 할 수 있어요.

**잠깐만.** 어떤 선택 말이죠? 돈이 생길 때면 여러분은 네 가지 중 하나를 선택할 수 있어요.

이런 선택들은 모두 돈 관리의 일환이에요.

돈 관리. 솔직하게 말해 보세요. 따분하게 들리나요? 많은 어른들은 돈 관리가 따분하다고 생각할 뿐만 아니라, 무서워하기도 해요.

**따분함 + 무서움 = 위험한 조합.** 아주 오랫동안, 집이나 학교에서 돈 관리를 가르쳐 주지 않았어요. 그냥 나이가 들면 저절로 알게 된다고들 생각했죠.

아무도 제게 돈 관리법을 알려 주지 않았어요. 저는 아무것도 몰랐죠. 어찌나 끔찍하게 재미없게 들리던지, 알아볼 생각도 하지 못했어요. 그런데 나이가 드니까 청구서와 꿈이 잔뜩 생겨나고, 그러다 보니 이런 걸 알아야 하겠더라고요. 뭐, 돈에 관해 이미 몇 가지 알고 있던 사실도 있었어요. 제가 어린 시절에 우리 가족은 돈이 많지 않았다는 것, 그리고 우리 부모님이 돈을 더 벌기 위해 아주 열심히 노력했다는 것 말이죠. 저는 우리 부모님이 사람들을 돕는 등 좋은 일에 돈을 쓰는 걸 보며 자랐어요. 그분들 덕택에 돈은 존중하고 관리해야 하는 물건이라는 사실을 알게 됐죠. 그렇지만 주변 사람들이 돈 때문에 고생하는 모습도 봤어요. 어떤 사람들은 열심히 살면서도 내야 할 돈을 제때 내지 못하기도 하고, 원하는 물건이나 삶을 누리지 못했어요.

많은 사람들이 경제적 어려움을 겪어요. 그건 부끄러운 일이 아니지만, 돈을 관리하는 법을 배우면 그런 상황에 처하지 않도록 최대한 준비를 많이 해서 그런 상황을 방지할 수 있어요. 그리고 만약 문제가 생긴다면, 해결할 계획을 세울 수 있죠. 이 책을 궁극적인 돈 안내서라고 생각하세요. 들고 다닐 수 있는 파트너, 여러분의 돈을 어떻게 다뤄야 할지, 어떻게 관리해야 할지, 어려운 상황이 생기면 어떻게 해야 할지 알려 주는 커닝 페이퍼라고요.

우리가 할 일은 다음과 같아요.

제1장에서는 **돈이 무엇인지** 알아볼 거예요. 시간의 흐름 속에서 돈은 어떻게 변화해 왔고, 앞으로 어떻게 변화해 나갈지에 대해서요.

제2장에서는 **돈을 버는 방법**에 대해 이야기해 볼 거예요. 내일의 돈 버는 능력을 키우기 위해 오늘 갈고닦을 수 있는 기술에 대해 생각해 볼 거예요. 물론 '직업'과 '직장'에 대해서도 이야기하겠지만, 나만의 '사업'을 시작하는 방법에 대해서도 생각해 볼 거예요(지금 바로 실행할 수 있는 아이디어도 몇 가지 있답니다! 쉿, 우리만의 비밀이에요!).

제3장에서는 신나는 일, **돈을 쓰는 방법**에 대해 알아볼 거예요. 돈 쓰기에 대해서는 여러분도 이미 잘 알고 있다고요? 과연 그럴까요? 돈을 잘 쓰는 것은 돈을 어디에 쓸지, 어떻게 하면 교묘한 광고에 휘둘리지 않을지 아는 것을 의미해요. 이 장에서는 선택·결정하기 전에 생각하는 법, 그리고 **예산**('계획'을 뜻하는 어려운 단어예요.)을 세우는 법에 대해 배울 거예요.

제4장에서는 별로 재미는 없지만 몹시 중요한 일, **돈을 저축하는 방법**에 대해 배울 거예요. 이걸 최대한 일찍 잘 알아 놓으면, 지금부터 몇 년 뒤에는 은행에서 깔깔 웃으며 나올 수 있어요. 얘기가 나왔으니 말인데, 은행에 대해서도 이야기할 거예요. 은행이 어떻게 돌아가는지 알아 놓으면 좋거든요.

제5장에서는 또 중요한 일, **돈을 불리는 방법**에 대해 알아볼 거예요. 돈은 나무에서 열리지는 않지만, 자라기는 한답니다. 어떻게 하면 내가 가진 돈을 불릴 수 있는지 볼 거예요. 저축은 그 방법 중 하나에 불과하답니다.

이건 돈나무라고 해요.

여러 가지 돈나무 중 한 종류죠. 뭐가 눈에 띄나요? 맞아요. 돈이 열리지는 않아요. 그렇지만 예쁜 식물이기는 해요. 그리고 사람들은 돈나무가 행운을 불러온다고 믿는답니다.

마지막으로, 제6장에서는 **돈을 기부하는 방법**에 대해 알아볼 거예요. 이걸 할 수 있는 방법은 여러 가지가 있어요. 돈을 많이 벌고 저축하고 불릴수록, 여러분의 재산(여기에 관해서는 113쪽에서 더 이야기해 볼게요!)이 늘어나요. 재산이 늘어나면 여러분이 원하는 곳에 더 많은 돈을 기부할 수 있죠. 설사 낼 수 있는 돈이 많지 않더라도, 여러분에게는 시간이 있어요. 시간을 후하게 기증할 수도 있답니다.

**이해했나요? 좋아요.
시작해 봅시다.**

오늘날 '돈'이라는 단어를 보면, 지폐와 동전이 생각나죠? 어쩌면 신용카드나 앱이 떠오를지도 몰라요. 하지만 아주 옛날에는 사정이 달랐어요. 무언가 필요한 게 있다면, 물건과 물건을 교환해야 했어요.

이 방식을 '**물물교환**'이라고 한답니다. 상상이 가나요? 음식이 조금 필요하다면 다른 무언가로 대가를 치러야 했다는 거예요. 대가로 뭘 주는지는 상대방이 뭘 원하는지에 달려 있었어요. 그리고 그걸 얼마나 줄지는 상대방이 그걸 얼마나 원하는지에 달려 있었고요.

물물교환은 쉽지 않아요. 푹푹 찌는 사막에서 양털 스웨터와 아이스크림을 교환할 수는 없어요. 상대방이 그걸 원하지 않기 때문이에요(밤에 아주 추워지는 사막이라면 이야기가 다르지만.). 하지만 아이스크림을 받는 대가로 물 한 병을 제시한다면 거래가 이루어질지도 모르죠.

물물교환은 기원전 9000년에 이집트에서 처음 기록되었어요. 그 시절 사람들은 소, 양, 곡물, 채소 같은 온갖 것들로 물물교환을 했답니다. 시간이 지나면서, 도시 사이에 교역로가 생겨나고 상인들은 무기, 귀중한 보석, 향신료, 소금 등을 교환하기 시작했어요.

이런 장거리 물물교환은 쇼핑을 훨씬 신나게 만들었지만, 동시에 문제도 생겨났어요.

## 가축은 옮기기가 힘듭니다.

## 곡물과 채소는 썩습니다.

## 그게 아니더라도, 곡물은 문제가 많아요.

물품을 저장해 뒀다가 나중에 거래하고 싶으면 어떡하죠? 채소가 얼마나 오래 싱싱하겠어요? 더구나, 그해의 수확량이 나쁘면 어떡하죠? 여러분이 갖고 싶어 하는 물건을 가진 상대방이 여러분의 물품을 원하지 않으면 어떡하죠?

동전과 지폐가 생겨난 뒤에도 물물교환은 멈추지 않았어요. 단지 이전보다 훨씬 조직적이 되었죠. 기원후 130년경, 중국의 한나라는 '실크로드'라는 이름의 동양과 유럽을 잇는 교역로를 만들었어요. 상인들은 '카라반'이라고 불리는 집단을 꾸려 이동했고, 중국의 찻잎과 비단, 인도의 고급 면과 향신료, 중동의 대추야자와 피스타치오 열매, 지중해의 유리와 금과 은 등을 거래했어요.

사람들은 오늘날에도 여전히 물물교환을 한답니다. 어떤 기업들은 돈을 지불하는 대신에 제품과 서비스를 맞교환해요. 친구나 형제자매와 장난감, 책, 간식, 옷 등을 바꾼 적이 있나요? 그렇다면 여러분도 물물교환을 한 셈이에요!

물건을 사고파는 데 무언가를 대신 사용할 수 있다면 훨씬 낫지 않을까요? 갖고 다니기에 편하고 오래가는 것, 모두가 받아들일 수 있는 것으로요. 이제 지폐와 동전이 활약할 때입니다.

# 돈:
## 엄청 단순한 역사

### 짤랑 짤랑 동전 - 기원전 2000년

동전이 만들어지기 훨씬 전, 메소포타미아(오늘날의 이라크와 시리아 지역)에서는 은으로 만든 고리가 화폐로 사용되었어요. 화폐의 가치는 '셰켈'이라는 무게 단위로 측정했죠. 한 달간의 노동은 대략 1셰켈 정도의 가치가 있었어요. 도시 에슈눈나의 법에 따르면, 누군가의 뺨을 때리면 10셰켈의 벌금을 물어야 했답니다. 다른 사람의 코를 깨물면 60셰켈이에요! 헉.

## 조개껍데기
### - 기원전 1200년

인도와 중국의 일부 지역에서는 **개오지 조개껍데기**를 화폐로 사용했어요. 가축이나 수레 가득 담긴 곡물을 옮기는 것보다 조개껍데기를 옮기는 것이 훨씬 쉬웠죠. 조개껍데기는 작고 튼튼할 뿐만 아니라, 모양과 감촉 때문에 위조하는 것도 매우 어려워요.

약 2,000년 후, 상인들이 이 조개껍데기를 서아프리카에 들여오게 돼요. 1700년에서 1790년 사이에 네덜란드인과 영국인들은 인도양에서 서아프리카까지 100억 개의 개오지 조개껍데기를 날라다 수백만 명의 노예와 교환했어요. 이건 돈이 좋지 않게 사용된 경우예요. 이처럼 어떤 사람들은 욕심이 과해서 아주 끔찍한 일을 저지르기도 한답니다.

## 부자 왕들
### - 기원전 600년

세계 최초의 **동전** 중 하나는 기원전 600년 리디아(오늘날의 터키)에서 주조되었어요. 금과 은을 섞은 합금으로 만들어진 이 동전은 으르렁거리는 사자 모양이 새겨져 있었고, 왕이 그 질을 보장했죠. 참, 리디아의 왕들은 부유한 것으로 유명했어요. "크로이소스처럼 부유하다."라는 표현이 사용될 정도였죠. 크로이소스는 리디아 최후의 왕이었고, 돈이 넘쳐 났답니다.

### 미다스 왕과 그의 황금 손

리디아의 팍톨로스 강은 중요한 사금 채취 현장이었어요. 고대 그리스 전설에 따르면, 이는 미다스 왕이 만지는 것을 황금으로 만들어 내는 능력을 강물에 씻어 내려 했기 때문이라고 해요. 미다스 전설은 탐욕에 관련된 이야기예요. 장난꾸러기 신 디오니소스는 "만지는 것이 모두 황금으로 변했으면 좋겠다."라는 미다스 왕의 소원을 들어줬어요. 당연히 미다스 왕은 엄청난 부자가 되었지만, 상당한 대가를 치러야 했죠. 그의 가족과 음식이 모조리 황금으로 변해 버린 거예요. 미다스 왕은 절망했어요. 그는 디오니소스에게 치료법을 알려 달라고 빌었고, 팍톨로스 강에서 몸을 씻으면 능력까지 씻겨 내려갈 거라는 말을 들었죠.

갑자기 동전이 인기 폭발이 됐어요. 모두가 동전을 쓰고 싶어 했죠. 아테네와 로마에서도 동전을 사용하기 시작했어요. 동전을 사용하기 전에 아테네인들은 쇠못을 화폐로 사용했대요. 건강과 안전을 위협하는 선택이었죠!

## 삽에서 동전까지 - 기원전 221년

중국의 첫 황제였던 진시황제는 나라를 통일해 전 국가적으로 사용될 동으로 만든 **동전**을 도입하고, 지역적으로 사용되던 동전을 모두 금지했어요. 이전에 사람들은 동으로 만든 삽과 칼 모형을 화폐로 사용했어요. 실제 삽과 칼보다는 가지고 다니기 쉬웠지만, 그래도 몹시 날카로웠죠! 그런 물건을 주머니에 넣었다가 잊어버리기라도 하면 어쩌겠어요? 새로운 동전은 동그랗고 한가운데 네모난 구멍이 있어서 줄에 꿰어 가지고 다닐 수 있었어요. 예쁜 데다가 실용적이기까지 하다고요? 물론이죠. 그뿐만 아니라, 고대 중국에서는 지구가 네모나고 하늘이 둥글다고 생각해서, 이 동전은 하늘과 땅의 조화를 의미했어요. 멋지지 않나요?

# 종이돈!

## 날아다니는 돈 - 기원후 806년

동전은 값이 큰 거래를 하기에는 지나치게 부피가 크고, 총량도 모자랐기 때문에 중국 상인들은 **종이돈**을 만들었어요. '비전(飛錢)', 즉 '날아다니는 돈'이라고 불렀는데, 어찌나 가벼운지 산들바람에도 날아갈 정도였기 때문이에요. 그건 기본적으로 '차용증'에 해당하는 물건이었어요. 이 종이를 나중에 동전으로 교환할 수 있다는 약속이었죠. 그렇게 상인들은 일단 종이로 거래하고 나중에 그 종이를 돈으로 교환했어요. 시작은 그랬지만, 몇백 년 이내로 중국 정부는 공식적인 지폐를 발급하기 시작했답니다.

## 무(無)에서 금을 창조하다 – 1275~1292년

베네치아의 탐험가 마르코 폴로는 중국을 여행하다가 지폐를 발견했어요. 무에서 금을 창조하는 연금술이나 다름없었죠. 다른 것도 아니고 종이를 진짜 돈으로 바꾸다니!

가볍고 값도 싸고, 하여튼 끝내줬어요. 마르코 폴로는 신이 나서 이 아이디어를 유럽으로 들여왔답니다. 하지만 유럽 사람들은 지폐가 정말 좋은 생각인지 확신하지 못했어요. 지폐가 유럽에서 사용되기까지는 300년이 더 흘러야 했답니다.

저 사람 뭐 하는 거지?

나도 몰라.

## 가짜 돈

중국의 지폐는 **명목 화폐**예요. '명목 화폐'란 단순히 말하면 지폐로 쓰이는 종이와 동전으로 쓰이는 금속이 실제로는 별 가치가 없다는 뜻이에요. 그 화폐의 가치는 정부가 "이거 돈이야!"라고 말하는 데서 비롯되죠. 사람들이 정부와 법을 신뢰하는 이상 괜찮아요. 하지만 사람들이 신뢰를 잃으면 그 화폐의 가치는 훅 떨어지죠.

오늘날 우리가 사용하는 돈 역시 명목 화폐예요. 그리고 명목 화폐를 만드는 데 쓰이는 재료는 귀하지 않기 때문에, 어떤 엉큼한 사람들은 가짜 지폐와 가짜 동전을 찍어 내기도 해요. 하지만 쉽지 않은 일이에요. 동전은 위조하기 어렵도록 자잘한 무늬를 새겨 놓았고 가장자리가 울룩불룩하게 만들었거든요. 지폐에도 워터마크나 홀로그램 같은 똑똑한 보안 요소들이 있어요. 그리고 자외선이나 특수한 펜을 사용해서 위조지폐를 감별할 수도 있답니다!

## 차용증 - 1661년

유럽 최초의 **지폐**는 스웨덴에서 인쇄되었어요(오늘날 우리가 미국이라 부르는 지역의 첫 지폐는 매사추세츠 주 베이 콜로니에서 1690년에 인쇄되었고요.). 구리로 만든 동전은 무겁고 가지고 다니기도 번거로워서, 스웨덴 최초의 은행인 스톡홀름 은행에서 차용증으로 사용할 수 있는 지폐를 발급했어요. 심지어 보유하고 있는 동전보다도 많은 양의 차용증을 발급하기까지 했죠(모든 사람들이 은행에서 한 번에 돈을 인출하지는 않을 거라고 생각했거든요.).

일은 순조롭게 진행되었고, 은행은 지폐를 더 찍어 내기 시작했어요. 그리고 더. 그리고 더……. 지폐가 이렇게 많으니, 가치가 떨어지기 시작했어요. 그러자 사람들은 은행으로 달려가 지폐를 언제나 믿을 수 있는 구리 동전으로 바꾸려 했죠. 하지만 동전이 모자란 거예요. **아이쿠야.** 결국 은행은 파산하고, 많은 사람들이 저금한 돈을 잃었어요. 끔찍한 일이죠. 그리고 우리가 28쪽에서 볼 것처럼, 이런 일은 이후에도 일어났답니다.

## 눈에 안 보이는 돈

### 마법 같은 돈 - 1871년

미국의 전보 통신 회사인 웨스턴 유니언은 1871년에 세계 최초로 **전자 금융 이체**를 시작했어요. 그걸 '송금'이라고 해요. 아주 엄청난 일이에요. 돈이 실제로는 움직이지 않으면서도 한 장소에서 다른 장소로 이동한다? 마법 같죠!

## 대공황 - 1929~1939년

영화 「메리 포핀스」를 보면 마이클 뱅크스가 은행에서 돈을 돌려 달라고 소리치는 걸 들은 사람들이 허둥대는 장면이 나와요. 세상 사람 모두가 은행에서 돈을 찾으려 한다고 생각하고 말이에요. 사람들은 놀라서 진짜로 은행에서 돈을 찾으려 들고, 은행에는 현금이 충분히 없어서 온통 난리가 났죠. 1600년대 스웨덴에서 있었던 일처럼 말이에요. 그런 일이 1929년과 1930년 미국의 '주식 시장'이라는 곳이 붕괴했을 때 일어났어요(주식 시장에 대해서는 122쪽에서 더 자세히 다뤄 볼게요.).

은행에 돈이 충분하지 않다는 소문이 돌기 시작했어요. 그러자 당황한 사람들이 은행 계좌에서 돈을 찾으려고 했죠. 모두가 돈을 내놓으라고 했기 때문에 은행은 돈이 모자랐고, 실제로 파산하고 말았답니다. 몇천 곳의 은행이 한꺼번에 말이에요. 그 때문에 많은 사람들이 저금한 돈을 몽땅 잃고 말았어요. 이 일은 '대공황'이라는 끔찍한 시기로 이어졌어요. 사람들이 직장뿐만 아니라 보금자리까지 잃어버린, 아주 길고 험난한 시기였어요.

## "지갑을 깜빡 잊고 나왔어!" - 1950년

최초의 **신용 카드**는 1950년에 만들어졌어요. 지갑을 깜빡 잊고 나와서 뉴욕 시의 레스토랑에서 밥값을 지불할 수 없었던 프랭크 맥너마라가 아이디어를 떠올렸죠(그의 아내가 와서 구해 줘야 했어요!). 맥너마라는 엄청나게 부끄러웠고, 다시는 이런 일이 일어나지 않게 하겠다고 결심했어요. 그래서 '다이너스 클럽 카드'라는 것을 만들었죠. 그냥 마분지로 만든 카드일 뿐이지만, 아이디어는 인기를 끌었어요. 사람들은 이 카드를 사용해서 물건을 사고 월말에 돈을 낼 수 있었죠. 5년 이내로 이 카드는 세계 각지에서 사용할 수 있게 되고, 1959년 무렵에 다이너스 카드는 **100만 명**의 회원을 보유하게 되었어요!

1960년대와 1970년대에는 사방이 신용 카드 천지였어요. 현금을 들고 다닐 필요가 없으니 소비가 몹시 쉬워졌죠. 다이너스 클럽 카드 같은 초기 신용 카드는 매달 사용한 금액을 100퍼센트 신용 카드 회사에 지불해야 했지만, 오늘날 사람들은 가지지도 않은 돈을 쓰고 요금(이자)을 신용 카드 회사에 지불하기도 해요.

이제 슬슬 위험 구간이 다가오고 있어요. 카드를 쓰는 건 너무 쉽고 빨라서, 돈을 얼마나 가지고 있는지, 얼마나 썼는지 잘 기억하지 않으면 큰 어려움을 겪을 수 있답니다. 이에 관한 내용은 제2장에 더 자세하게 다룰게요.

### 인터넷 화폐 - 1990년대

**인터넷 뱅킹**이 인기를 끌기 시작해요. 인터넷 뱅킹 자체는 1980년대에 시작되었지만, 1990년대에 상승세를 타고 모든 것을 바꿔 놓았죠. 이제 사람들은 자판을 몇 번 두드리는 것만으로도 돈을 쓸 수 있게 되었어요. 그리고 온라인으로 계좌를 열어서 돈을 얼마나 썼고 얼마나 남았는지도 확인할 수 있게 되었죠. 오늘날, 전 세계 대부분의 돈은 데이터로만 존재한답니다. 은행 어딘가에 실제로 쌓여 있는 게 아니라, 은행 컴퓨터에 여러분의 이름이 붙은 한 줄짜리 코드로 존재하는 거예요!

## 칩과 비밀번호 - 2004년

영국에 **칩과 비밀번호**가 도입되었어요. 이때까지 은행 카드를 사용하는 사람들은 물건을 살 때마다 카드 리더기에 카드를 긁고 영수증에 서명을 해야 했어요. 하지만 마그네틱 줄은 복제될 수 있고, 서명은 따라하기가 너무 쉬워요! 칩과 비밀번호 카드는 훨씬 안전해요. 카드를 기계에 넣으면, 카드 주인은 4자리 비밀번호를 입력해야 해요. 사람들이 1234나 생일이나 2580 같은 뻔한 비밀번호를 설정하지 않는 이상 범죄자들을 훨씬 골치 아프게 만들 수 있죠! 2580은 왜 안 되느냐고요? 무작위 번호로 보이지만, 사실은 번호판 중간에 있는 번호들을 위에서 아래로 차례로 누른 거예요. 이런 번호는 …… **피해야 해요!**

## 모바일 뱅킹 - 2007년

점점 더 많은 은행에서 멋진 스마트폰 앱을 만들기 시작하면서 **모바일 뱅킹**이 인기를 끌기 시작했어요. 하지만 최신형 스마트폰이 있어야만 모바일 뱅킹을 할 수 있는 건 아니에요! 케냐에서는 엠 페사(M-Pesa)라는 서비스 덕택에 매우 단순한 핸드폰으로도 문자 메시지를 사용해 돈을 보낼 수 있답니다!

영국에서는 **비접촉식 결제**가 크게 도입되었어요. 비밀번호를 입력하지 않고 비접촉식 은행 카드를 (그리고 머지않아, 스마트폰을) 리더기에 갖다 대는 것만으로도 돈을 쓸 수 있게 된 거예요. **너무너무 쉽죠?** 지나치게 쉽지 않나요? 카드를 기기에 갖다 대는 것은 돈을 쓰는 것처럼 느껴지지도 않거든요. 다행히도, 최대한으로 쓸 수 있는 금액은 대체로 정해져 있어요. 사람들이 눈치채지 못하는 사이에 돈을 **몽땅** 써 버리지 않게 하기 위해서예요.

비접촉 결제는 다른 나라에서는 비교적 늦게 도입되었지만, 이후 12년 동안 오스트레일리아, 캐나다, 싱가포르, 스웨덴 같은 곳에서 매우 인기를 끌게 돼요. 스웨덴은 2030년 무렵에 완전히 현금 없는 사회가 될 거라고 해요!

## 암호 화폐 - 2009년

**비트코인**이 만들어졌어요.
세계 최초의 **암호 화폐** 또는 **디지털 화폐**예요.
비트코인은 화폐로서 기능하지만
완전히 **가상 세계**에서만 존재해요
(해당하는 지폐나 동전이 어디에도 없다는 뜻이에요.).
더 자세한 내용은 36쪽에!

## 통화

한 가지 조금 헷갈릴 수 있는 건, 해외로 여행을 갔는데 돈이 완전히 달라졌을 때예요. 그 나라의 돈은 달러일 수도 있고(심지어 달러는 종류도 많아요!), 파운드, 유로, 엔, 루피, 페소 등등일 수도 있어요. 그것들이 얼마인지 계산하려면 머리가 터질 지경이 될 거예요. 그 이유는 일반적으로 각 나라는 고유의 화폐를 지니고 있기 때문이에요. 우리는 이것을 '**통화**'라고 불러요. 각 나라 사람들은 그 나라의 통화를 사용해서 물건을 사고팔고, 그 나라로 해외여행을 간다면 여러분도 그 나라의 통화가 필요할 거예요. 외국 돈, 즉 외화는 은행이나 환전소에서 구할 수 있고, 가진 돈을 얼마의 외화로 바꿀 수 있는지는 환율에 따라 달라져요. 환율은 한 가지 통화가 다른 통화를 기준으로 얼마나 가치 있는지를 알려준답니다.

예를 들어, 여러분이 사과를 통화로 쓰는 **사과 나라**에 살고 있다고 생각해 봅시다. 배를 통화로 쓰는 **배 나라**에 갈 생각이라면 환율을 살펴서 여러분의 사과 한 개를 배 몇 개로 교환할 수 있는지 알 수 있을 거예요.

# 환전소

## 사과 1알 = 배 2알

좋아요. 사과 한 알에 배 두 알이라고 하는군요. 그러니까 여비로 배 여섯 알이 필요하다면, 사과 세 알과 교환해야 하는 거예요. 오늘 환전한다면 그렇다는 뜻이죠. 환율은 언제나 바뀌거든요. 통화의 가치에 영향을 주는 요소에는 여러 가지가 있는데, 그중 하나는 정부에 대한 신뢰예요. 세계인들이 사과 나라 정부에 대한 신뢰를 잃으면, 사과의 가치가 떨어져서 배로 교환하려면 훨씬 많은 사과를 내줘야 할 거예요.

# 암호 화폐

## 비트코인: 대체 그게 뭐고, 왜들 난리야?

비트코인 같은 암호 화폐는 매우 새롭고 아주 신기해요. 문제는, 어찌나 새롭고 신기한지 사람들이 아직도 그게 정확히 뭔지 이해하지 못한다는 점이에요. 어디 한번 그게 뭔지 알아볼까요?

좋아요. 일단, 비트코인은 컴퓨터 코드로만 존재해요. 주머니에 넣을 수 있는 물리적인 동전이나 지폐가 존재하지 않는다는 뜻이에요. 비디오 게임에서 모을 수 있는 가상 화폐와 비슷하지만, 실제 가치가 있고, 비트코인을 받아 주는 곳에서는 무언가를 사는 데 사용할 수 있다는 사실이 달라요(그렇지만 어디서나 받아 주지는 않아요!).

비트코인에 대해 알아둬야 하는 점은 두 가지가 있어요.

### 1 은행과 정부를 끼어 주지 않아요

왜일까요? 왜냐하면 모든 사람이 은행과 정부를 믿지는 않기 때문이에요! 대공황 기억나나요? 아주 안 좋은 일이었죠. 그리고 2008년 세계 금융 위기가 시작되는 데도 은행이 큰 역할을 했어요(이에 관해서는 130쪽에서 더 다뤄 볼게요.). 대부분의 통화는 정부에서 돈의 공급을 통제해요. 그리고 여러분이 돈을 송금하거나 사용할 때마다 그 거래는 은행을 통해서 하게 되죠. 하지만 비트코인의 경우 모든 거래가 개인과 개인 사이에서 이루어져요.

### 2 엄청나게 안전해요

비트코인은 **암호화**된 컴퓨터 파일이에요. '암호화'란 한마디로 해킹하기에 아주 어려운 비밀 코드로 보호되고 있다는 뜻이에요. 그러니까 여러분의 돈(그리고 여러분의 개인 정보)이 안전하게 보호되는 거죠!

비트코인은 **나카모토 사토시**라는 엄청나게 비밀스러운 사람 혹은 집단이 만들었어요. 아직도 그 사람 혹은 집단이 누구인지 알 수가 없답니다.

비트코인을 송금하거나 사용할 때마다, 그 **거래 내용**은 '**블록체인**'이라고 불리는 공개된 전자 정보로 기록이 돼요. 역사상 이루어진 모든 비트코인 거래 기록이 저장되어 있고, 누구나 볼 수 있지만, 사람들의 신상은 숨겨져 있죠.

비트코인 거래 내역이 블록체인에 더해지기 전에, 전 세계에 있는 **비트코인 채굴자**들이 그 거래 내역을 확인을 해야 해요. 이 채굴자들은 보통 광부들과는 달리 안전모와 곡괭이 대신 아주 어려운 수학 문제를 풀 수 있는 강력한 컴퓨터로 무장하고 있죠. 각각의 수학 문제를 최초로 푸는 사람에게는 약간의 비트코인이 주어져요. 이게 비트코인이 만들어지는 방식이에요. 비트코인은 채굴되는 거예요.

비트코인을 채굴하는 건 **금**을 채굴하는 것과 비슷해요. 엄청나게 힘든 일인 데다가 채굴할 수 있는 비트코인의 총량은 정해져 있어요. 2,100만 개예요!

## 하지만 비트코인에도 어두운 면이 있어요

여기에는 큰 환경 문제가 있어요. 비트코인을 채굴하는 하드웨어는 전기를 **엄청나게** 소모한답니다. 어떤 사람들은 비트코인 채굴이 작은 국가와 비슷한 양의 전기를 사용한다고 주장해요! 또 다른 문제는 블록체인이 모든 사용자의 신분을 숨겨 주기 때문에, 익명으로 남고 싶어 하는 **진짜진짜 나쁜 사람**들이 사용하기에 완벽한 통화라는 점이에요. 하지만 경찰도 똑똑한 수학 실력을 발휘해서 나쁜 짓을 하는 사람을 추적할 수 있어요!

## 비트코인은 어디에서 얻을 수 있나요?

다른 통화들처럼, 비트코인도 현재의 환율에 따라 살 수 있어요. 다만 코인베이스(Coinbase) 같은 암호 화폐 거래소에서 사야 한다는 것과, 비트코인 지갑이 있어야 한다는 점이 달라요. 여러분이 사과 나라에 살고 있다면 비트코인 환율이 비트코인 한 조각을 구매하기 위해 몇 개의 사과를 내줘야 하는지 알려 줄 거예요. 비트코인 하나 전체를 구매할 필요는 없어요(상당히 비쌀 수도 있거든요!). 하나의 몇 분의 일만 구입할 수도 있답니다.

## 돈의 미래

세상에는 엄청나게 많은 암호 화폐가 있고, 사실 어른들도 아직 암호 화폐에 대해 배우고 있는 상황이에요. 안 믿어지나요? 주변 어른 아무나 붙잡고 물어보세요! 단, 한 가지는 확실해요. 새로운 형태의 화폐가 유행할 때마다 우리 삶의 방식이 바뀌었다는 점 말이죠. 암호 화폐는 아직 상당히 새로운 물건이고, 우리는 아직 암호 화폐가 가지고 있을지도 모르는 신나는 점이나 위험한 점을 전부 알지는 못하는 상황이에요. 어쨌든 지켜볼 만한 대상이라는 건 확실하죠.

## 요약

* 옛날 옛적, 지폐와 동전이 사용되기 전, 사람들은 가축이나 곡물 같은 것을 **물물교환**을 했어요. 하지만 가축은 운반하기 어렵고 곡물은 썩죠. 그리고 여러분이 교환하고자 하는 물건을 아무도 원하지 않으면 거래가 이루어지지 않았어요.

* 그래서, **동전**이 만들어졌어요. 세계 각지의 동전은 각각 형태가 달랐답니다. 개오지 조개껍데기도 있었고, 작은 칼 모형도 있었죠. 하지만 전부 가지고 다니기에 편하고, 오래가고, 모든 사람이 받아들일 수 있다는 점이 같았어요.

✱ 최초의 동전(우리가 생각하는 형태의 동전 말이에요.)은 기원전 600년에 리디아에서 만들어졌답니다.

✱ **지폐**는 기원전 806년 중국 상인들이 처음 사용했어요.

✱ 한참 뒤, 1900년대에 **신용 카드**, **인터넷 뱅킹**, **비접촉식 카드**의 개발로 눈에 보이지 않는 돈이 늘어났어요. 이것들 때문에 돈을 송금하고 사용하는 게 훨씬 쉬워졌죠.

✱ 2009년에 세계 최초의 **암호 화폐 비트코인**이 만들어졌어요. 완전한 가상 화폐일 뿐만 아니라 아주 안전하게 만들어졌죠.

✱ 새로운 형태의 화폐가 만들어질 때마다, 우리의 생활 방식이 바뀌었어요. 어쩌면 암호 화폐가 우리의 생활 방식을 바꿀지도 몰라요. 그리고 미래에 어떤 형태의 돈을 쓰게 될지는 아무도 모르죠!

돈이 뭔지, 돈이 어떻게 변화해 왔는지,
그리고 어디로 가고 있는지 알아봤어요.
그럼 이제 돈을 버는 방법,
어쩌면 큰돈을 버는 방법을 알아볼까요?

## 돈은 어디에서 오나요?

돈은 마법처럼 난데없이 불쑥 나타나지 않아요(소원을 들어주는 요술 램프를 발견하지 않았다면 말이에요. 혹시 그런 램프를 발견했다면, 이 책은 읽을 필요가 없겠죠?!). 돈을 원한다면, 돈을 벌어야 해요. 노력해야 한다는 거죠. 시간과 에너지와 능력을 돈과 맞바꿔야 한다는 뜻이에요. 하지만 그 이야기를 하기 전에 일단 다음에 대해 생각해 봅시다.

## 왜 돈을 원하나요?

여러분에게 정말로 중요한 게 뭔지 잘 생각해 보세요.

어떤 삶을 살고 싶나요?

어떤 사람이 되고 싶나요?

인기 축구 선수?

예술에 재능이 있는 사람?

최신 전자 제품을 가진 사람?

자선 단체에 기부를 많이 하는 사람?

지금 당장은 어떤가요?

방을 다시 꾸미고 싶은가요?

새 자전거를 눈여겨보고 있나요?

이 모든 걸 머릿속에 담아 두거나, 안전한 곳에 써 두거나, 비전 보드를 만들어 볼 수도 있을 거예요.

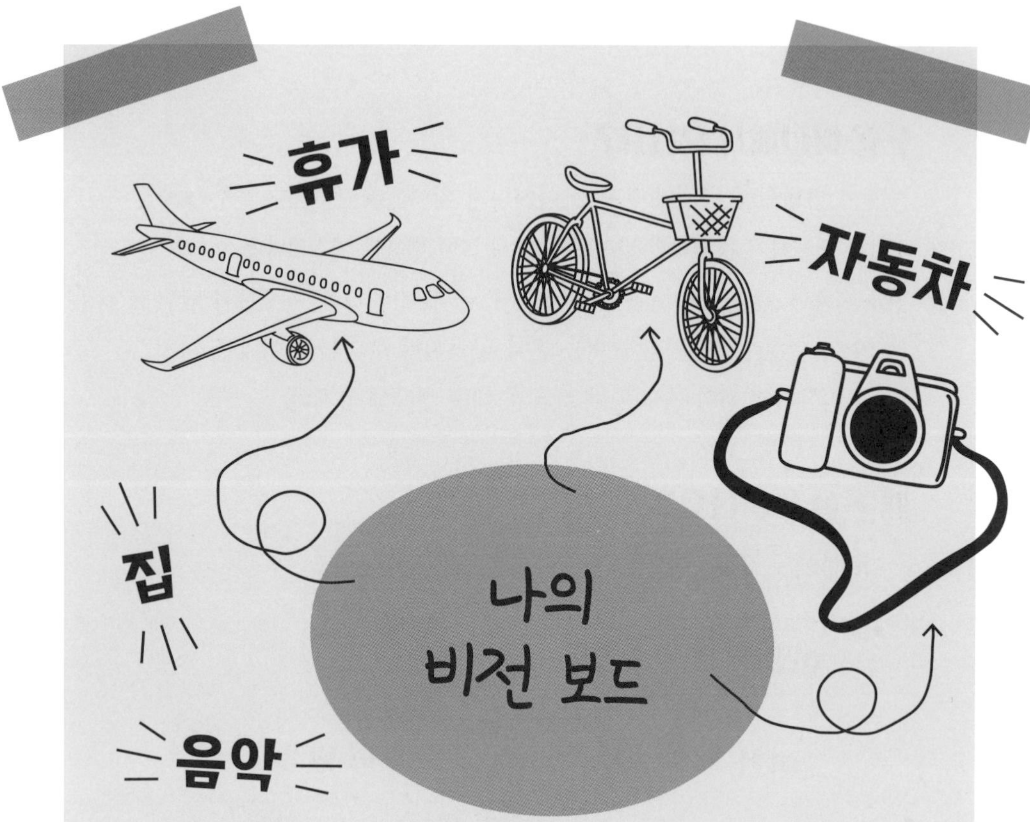

휴가

자동차

집

음악

나의
비전 보드

비전 보드를 만들기 위해서는 돈을 모으고 싶은 목적을 모두 쓰고 그려 보세요. 원하는 것을 잡지에서 오려 붙이고 내 목표와 나를 북돋우는 글귀를 써넣으세요. 유치한 거 알아요. 하지만 좀 유치하면 어때요? 비전 보드가 완성되면 잘 살펴보세요. 돈 한 푼 들이지 않고도 벌써 가질 수 있는 게 있을지도 모르잖아요! 잘 보이는 곳에 비전 보드를 놓아두세요. 내가 무엇을 원하는지, 무엇이 내게 중요한지 상기시켜 주는 계기가 될 거예요.

이제 왜 돈을 원하는지 감이 좀 잡혔다면, 이제 어떻게 돈을 벌 수 있는지 알아볼까요?

## 오늘의 돈

어쩌면 여러분은 이미 용돈을 받고 있는지 몰라요. 어쩌면 집안일을 돕고 용돈을 받거나 다른 방법으로 돈을 벌 수 있을지도 몰라요. 아니면 그런 방법이 없을지도 모르고요! 어떤 어른들은 용돈을 줄 사정이 안 되거나 용돈을 주지 않는 쪽을 택할 수도 있고, 그건 전부 그분들의 결정이에요(예를 들어, 우리 부모님은 용돈을 줄 여력이 안 됐어요!). 그러니까 이 문제에 상냥하고 참을성 있는 태도를 가져야 해요.

그렇지만 용돈을 벌 수 있는 상황이라면, 자기 자신에게 두 가지 질문을 해 볼 수 있을 거예요.

1. 사람들이 필요로 하는 것은 무엇인가?
2. 내가 줄 수 있는 것은 무엇인가?

사업을 할 때는, 누군가가 필요로 하거나 원하는 것과 여러분이 줄 수 있는 것이 일치할 때 돈을 벌 기회가 생겨요. 그 사람들이 돈을 낼 생각이 있고, 돈을 낼 여력이 된다면 말이죠.

마지막 부분이 중요해요. 어쩌면 여러분은 게임을 **엄청나게** 잘할지도 몰라요. 누구와 붙어도 다 이길 수 있을 만큼요. 하지만 집에 있는 어른들은 여러분의 게임 실력을 필요로 하지 않아요. 그러니까 그걸로 용돈을 벌 가능성은 아주 낮아요. 어쨌든 지금은 말이에요. 비디오 게임을 테스트하는 것과 같은 직업이 실제로 존재하니까, 어른이 되면 그런 일을 해서 돈을 벌 수도 있어요. 그리고 e-스포츠는 실제로 관중이 존재하는 스포츠랍니다!

시도는 좋았지만, 안 돼.

또한 어차피 해야 하는 일로 돈을 벌 가능성도 낮아요. 하루 두 번씩 이를 닦거나 숙제를 하는 것 등 말이에요. 가족 모두가 마땅히 도와야 하는 집안일도 마찬가지예요(내가 어지른 건 직접 치우거나, 상을 차리고 치우는 것 등 말이에요.).

그에 반해, 하지 않아도 될 일을 하겠다고 제안한다면, 예를 들어 크리스마스카드를 만들거나 가족이 남들에게 줄 선물을 모두 포장하는 등 유용한 일을 한다면, 돈을 벌 가능성이 있어요.

**보너스 타임:** 어떤 직장에서는 업무 성과에 따라 '보너스'라는 걸 주기도 해요. 마찬가지로, 성적을 높이거나 특별한 일을 해낼 테니 돈을 조금 더 달라고 협상을 할 수도 있어요. 하지만 기억하세요. 이런 일을 할 때 돈은 유일한 목적, 또는 주된 목적이 될 수 없다는 사실을요.

다른 사람이 여러분에게 하는 말이나 여러분에게 주는 선물 때문에 무언가를 하고 싶어진다면, 그건 **외적 동기 부여**(바깥에서 오는 동기 부여)라고 해요. 하지만 가장 좋은 동기 부여는 **내적 동기 부여**(여러분 마음속에서 우러나오는 동기 부여)예요. 그저 하고 싶어서 그림을 그리거나 게임에서 새 레벨을 올리는 것 등을 의미해요. 그게 좋아서 하는 일 말이에요. 뭔가를 하고자 하는 생각이 마음속에서 우러나올 때, 여러분은 더 열심히 하고, 더 잘하고, 자신이 이루어 낸 성과가 그만큼 더 만족스러울 거예요.

나중에 크면 뭐가 되고 싶니?

## 내일의 돈

이 질문을 받아 본 적 있다면 손을 들어 보세요. 어른들은 이 질문을 참 좋아해요. 그렇지만 이 질문은 굉장히 짜증 나는 질문이에요. 여러분에게 큰 압박을 줄 뿐만 아니라, 하나의 직업에만 초점을 맞추는 거거든요. 하지만 미래에 돈을 벌기 위해서 할 수 있는 일은 참 많아요.

여러분의 관심사와 능력이 무엇이든, 어딘가에는 여러분에게 꼭 들어맞는 직업이 있을 거예요(그건 하나가 아니라 여러 개일 수도 있고요!). 이 말이 사실이 아니라면 제 손에 장을 지지겠어요. 제가 손에 장을 지지지 않게 하려면 여러분은 다음과 같이 행동해 줘야 해요.

내 흥미와 관심을 자극하는
것들에 대해 생각해 본다.

내가 잘하는 것이나 잘하기 위해
노력할 수 있는 일에 대해 생각해 본다.

많은 사람들이 못하는 일을
아주 잘할 수 있게 되면,
뭔가를 이루어낼 수 있다!

한 가지 짜증 나는 사실은, 어떤 직업은 다른 직업보다 돈을 많이 번다는 거예요. 일반적으로, 돈을 더 많이 버는 직업은 대부분의 사람들이 하기 어려워하거나 접근하기 힘든 직업들이에요(시간뿐만 아니라 돈이 많이 드는 훈련을 많이 받아야 하는 직업들이죠.). '일반적으로'라고 말하는 건, 훈련을 많이 받고 재미도 있지만 돈을 많이 못 버는, 예를 들어 예술이나 교육 같은 분야의 직업도 있기 때문이에요. 이건 옳지도 않고 공평하지도 않으니 반드시 고쳐 나가야 할 부분이에요. 하지만 그렇다고 해서 이런 직업들을 가지면 안 된다는 말은 아니에요. 우리 사회는 이런 직업들을 필요로 해요. 그리고 여러분은 자신의 열정을 따라야 하고요. 이런 직업들로 얻을 수 있는 돈보다 더 많은 돈을 원한다면, 부업을 해야 할 거예요. 하지만 걱정하지 마세요. 이 부분은 다음에 다시 다룰 테니까요.

그리고 평생 한 가지 직업을 가져야 한다거나 한 직장을 다녀야 한다고 생각할 필요는 없어요. 오늘날 세상은 더는 그렇게 돌아가지 않거든요. 과거에 사람들은 한 가지 직업을 골라서 평생 그 일만 하는 경우가 많았어요(물론 예외도 있지만요!). 오늘날에는 직업이나 직장을 바꾸는 일이 많아요. 바야흐로 **긱 이코노미**(gig economy)의 시대예요. '긱 이코노미'란 **프리랜서**로 일한다는 의미예요. '프리랜서'란 한 고용주와 계속 일하는 대신에, 많은 기업과 사람들과 계약해서 일하는 사람을 말해요. 다음에 할 일을 찾기 위해 애써야 하지만, 우리에게 유연성과 다양성을 제공하기도 해요!

저 역시 직업을 바꾼 사람이에요. 런던 시의 변호사로 일하다가 어린이 작가가 되었죠. 변호사 일은 아주 재미있었지만, 밤낮으로 일하는 데다 뭔가가 부족하다고 느꼈어요. 시간적 여유를 되찾고 싶었고, 뭔가 영향력이 있는 일을 하고 싶었죠. 그게 무엇인지 아주 오랫동안 생각하다가 떠오른 거예요. 전 언제나 글을 쓰는 것과 이야기를 지어내는 것과 말을 하는 걸 무척 좋아했어요. 어린이 작가가 되면 이 모든 걸 하면서 영향력도 발휘할 수 있는 데다, 가장 좋은 부분은 긱 이코노미의 일원이라는 사실이에요! 그래서 제가 원하는 방식대로 일할 수 있게 되었고, 지금 너무 즐거워요! 진심이에요. 여러분이 원하는 건 뭐든 할 수 있어요. 세상은 넓어요!

# 우주선 조종사부터 3D 프린팅 요리사까지
## 미래의 직업

우리가 '일'에 대해 생각하는 방식이 바뀌고 있어요. 세상에 존재하는 직업군이 바뀌고 있거든요. 여러분이 학교를 졸업할 때쯤 되면, 오늘날에는 존재조차 하지 않는 직업들이 잔뜩 생겨나 있을 거예요. 다음과 같은 직업 말이죠.

우주선 조종사

드론 교통 관제사

우주여행 가이드

3D 프린팅 요리사

분리수거 엔지니어

음식 인쇄기 2050

인공 지능(AI) 역시 더는 공상 과학 소설에만 나오는 게 아니에요. 로봇은 이미 우리 주변에 와 있답니다. 어떤 로봇은 우리 주머니 속에 있어요. 아이폰의 가상 비서 '시리'처럼요. 어떤 로봇은 우리 집에 있기도 해요. 케이티(KT)의 '기가지니'처럼요. 원격으로 조명과 잠금 장치를 조정할 수 있는 '스마트 홈'이라는 것도 있어요. 운전자가 없이도 운전하고 주차하는 자동차도 있고요. 수술을 돕는 수술용 로봇도 있어요! 인공 지능은 꼭 어마어마하고 신기한 일만 하는 건 아니에요. 넷플릭스에서는 인공 지능을 사용해서 우리가 보는 영화와 드라마를 분석해 우리가 좋아할 만한 다른 작품을 추천해 줘요. 앞으로 인공 지능의 영향력은 더 커질 거예요.

지니야, 구매 목록에 아이스크림을 넣어 줘.

지니야, 타이머를 20분으로 맞춰 줘.

이렇게, 많은 일들이 바뀌고 있어요. 여러분이 지금 당장 할 수 있는 가장 좋은 일은 이 변화에 대비하는 거예요. 그리고 변화에 대비하는 가장 좋은 방법은 **기술**을 익히는 거죠. 예를 들어, **배우는 방법**을 익히는 거예요. 자, 이제 여러분은 이렇게 생각할지도 몰라요. '어떻게 배우는 방법을 배우지? 무슨 말인지 모르겠어!' 하지만 이 말의 의미는 여러분이 새로운 것을 배우는 데 능숙해져야 한다는 거예요. 배우는 것은 언어일 수도 있고, 코딩일 수도 있고, 외줄타기(!)일 수도 있어요. 어떤 배움의 **전략**이 여러분에게 가장 효과가 있을지는 직접 알아내야 해요. 어쩌면 여러분은 일단 배울 것에 대한 책을 읽은 다음에, 영상이나 실제로 사람들의 동작을 지켜보고 따라 하면서 연습, 연습, 연습, 또 연습하는 유형일지도 몰라요. 어쩌면 책을 읽지 않고 곧바로 보거나 듣거나 연습하는 쪽을 선호할 수도 있고요! 무엇을 배우는지는 달라져도, '배운다'는 사실은 변하지 않아요(무엇을 배우는지에 따라 배우는 방법도 조금은 달라져야 하지만요). 새로운 것을 배우는 데 능숙해지면, 새로운 것을 시도하고 싶어질 때 언제든지 시도해 볼 수 있어요!

여러분이 쌓을 수 있는 기술이 참 많아요. 주머니에 넣어 뒀다가 필요할 때 꺼내듯이 어느 직장에서나 쓸 수 있는 기술 말이에요. 예를 들어 다음과 같은 기술들이 있어요.

### 변화에 대응하기

예를 들어 여러분이 손으로 만든 제품 '어쩌고'를 만드는 공장에서 일한다고 생각해 봅시다. 여러분은 '어쩌고'를 엄청 잘 만들어요. 그런데 사장님이 갑자기 '저쩌고'를 만들겠다고 말해요. 그렇다고 그냥 불평만 하고 앉아 있을 수는 없겠죠. 변화에 적응하고 유연해져야 해요.

### 실수에서 회복하기

실수를 했어요. '저쩌고' 상품을 녹색으로 칠해야 했는데, 노란색으로 칠해 버렸군요. 누구나 실수를 할 수 있어요. 지나치게 자신을 채찍질하지 마세요. 그런 일이 일어났다는 사실을 받아들이고, 어떻게 고칠 수 있을지 생각해 보세요.

### 다른 사람들과 협력하여 일하기

'저쩌고'는 혼자 만들어 팔 수 있는 물건이 아니에요. 함께 일하는 다른 사람들에게 친절하게 대하세요. 그들이 어떤 사람들인지 알아 나가세요. 좋은 팀을 만들면, '저쩌고' 사업이 성공할 뿐만 아니라 여러분도 성공하게 될 테니까요.

팀워크

실수에서 회복하기 ✓

## 정서 지능

### 정서 지능

이건 여러분의 감정 (그리고 다른 사람들의 감정)을 이해하고 잘 다루는 능력이에요. 누군가가 자신이 만든 '저쩌고' 때문에 기분이 상해 있다면, 그들의 말을 들어줄 수 있나요? 그들 옆에 있어 줄 수 있나요? 여러분 자신이 속이 상하거나 답답할 때, 자신이 위험한 상태라는 사실을 알고 도움을 청할 수 있나요? 자신의 감정을 잘 표현하나요?

### 창의력

사장님이 여러분에게 직접 새로운 '저쩌고'를 만들어 볼 기회를 줬어요! 그런데 자신은 창의력이 별로 없다고 생각한다고요? 누구나 창의적일 수 있답니다. 아이디어를 많이 떠올려 보세요. 떠오른 아이디어를 종이에 써 보거나 그려 보세요. 바보 같아 보이더라도 상관없어요! 자기 자신에게 바보 같아도 된다고 허락해 줘야 해요. 이걸 친구와 함께, 또는 팀을 짜서 해 보세요. 산책을 하고, 음악을 듣고, 무엇이든 여러분에게 영감을 주는 것을 해 보세요!

### 비판적 사고

이건 퍼즐을 풀거나 문제를 해결하는 능력 같은 거예요. 모든 요소를 곰곰이 고려하는 능력이죠. 예를 들어, 누군가가 여러분에게 '저쩌고'를 만드는 방법이 쓰인 커다란 책을 줬다고 생각해 보세요. 이 책은 누가 쓴 걸까요? 왜 이런 글을 쓴 걸까요? '저쩌고'를 배우는 데 더 나은, 더 빠른, 더 저렴한 방법이 있을까요? 이런 것을 생각하는 것이 비판적 사고랍니다.

### 의사 결정 능력

　결정과 선택은 어려워요. 중요한 회의가 있는데 어떤 양말을 신을까요? '저쩌고'를 몇 개나 만들어야 할까요? 가격은 어떻게 책정해야 할까요? 여러분에게 필요한 건 좋은 의사 결정 과정이에요. 어디에서부터 시작하면 될까요? 어떻게 모든 요소를 고려하고, 장점과 단점을 재 볼 수 있을까요? 좋은 결정을 하기 위해서는 정보가 더 필요하지는 않을까요?

### 문화적 의식

　여러분의 공장은 사과 나라에 있는데, 함께 일하는 사람들 중에서는 배 나라에서 온 사람이 있을 수도 있어요. 배 나라 사람들은 여러분과 비슷한 점이 많지만, 다른 부분도 있어요. 심지어 여러분의 말이나 행동이 배 나라 사람들에게는 무례하게 보일 수도 있는 거죠! 그래서 배 나라에 대해 잘 알면 잘 알수록 좋은 거예요.

그리고 물론, 돈을 잘 다루고 싶다면, 기본적인 셈을 잘해야 해요. 계산기와 컴퓨터가 있긴 하지만 하루 종일 우리를 따라다니는 건 아니잖아요(상상해 보세요!). 학교에서도 숫자에 대해 많이 배울 수 있지만, 인터넷과 책과 잡지와 웹 사이트와 앱 등에서도 엄청나게 많은 정보를 얻을 수 있답니다. 자신이 수학을 엄청 못한다고 생각해서 기죽지 말아요. 연습만 하면 누구나 잘할 수 있어요. 숫자에 겁을 먹거나 실수를 하는 것을 걱정하지 마세요. 그냥 시간을 들여 연습하면 돼요.

### 연습의 힘

무언가를 잘하기 위해서는 연습이 필요해요. 아주 많은 연습이요. 몇 주, 몇 달, 어떤 경우에는 몇 년에 걸친 연습이 필요해요. 이게 무섭게 느껴진다면, 좋은 소식을 알려 줄게요. 연습에도 치트 키가 있어요. 비디오 게임을 해 본 사람이라면 뭔지 알겠죠? 한 레벨을 건너뛰거나, 능력을 더 얻거나, 숨겨진 아이템을 얻을 수 있는 치트 키 말이에요. 무언가를 잘하게(최소한 지금보다는 훨씬 잘하게) 되기 위한 궁극적인 치트 키는 의도적 연습이에요.

'의도적 연습'이란, 어떤 부분을 개선해야 할지 파악한 다음에 단계적으로 나아지기 위해 집중하는 것을 말해요. 예를 들어 어떤 마술을 잘하고 싶다고 쳐요. 마술의 모든 부분을 한 번에 연습할 수는 없어요. 마술의 모든 단계, 작은 손동작 하나하나를 나누어서 하나씩 연습하세요. 시도해 보고, 피드백을 받으세요. 다른 마술사에게 어떻게 하면 더 잘할 수 있는지 알려 달라고 하는 거예요. 피드백은 배움에 도움이 돼요. 실수도 도움이 된답니다. 실수는 우리의 친구예요.

직장을 가지거나 프리랜서로 일하는 것처럼, 사업가가 되는 것 역시 돈을 버는 방법 중 하나예요. 가장 좋은 점은 시작하기 위해 기다릴 필요가 없다는 거예요. 원한다면 **지금 당장** 사업을 시작할 수도 있어요(물론 일반적인 주의 사항은 따라야 해요. 조심하고, 잘 알아보고, 학교를 그만두면 안 돼요!).

## 나만의 사업을 시작하는 단계

**1단계** 여러분이 잘하는 일은 무엇인가요?

여러분이 관심 있는 것을 죽 써 보세요. 그리고 지금 잘하는 것이나, 미래에 잘할 수 있는 것도요! 2단계와 4단계에서 도움이 될 거예요.

**2단계** 누구를 돕고 싶나요?

여러분의 사업을 통해 돕고 싶은 사람을 떠올려 보세요. 이 사람들이 여러분의 고객이에요. 고객은 여러분이 줄 수 있는 것을 필요로 하거나 원하고, 또한 그것을 위해 돈을 지불할 능력과 의사가 있는 사람이에요. 누가 그런 고객이고, 그들이 필요로 하는 건 무엇인가요?

**3단계** 조사를 하세요!

이미 고객들의 문제를 해결해 주거나 그들이 원하는 것을 주고 있는 사람은 누구인가요? 그 사람이 요구하는 금액은 얼마인가요? 그 사람은 일을 잘하고 있나요? 더 채워야 할 부분은 뭐가 있을까요? 여러분이라면 어떻게 더 잘할 수 있을까요?

### 4단계  문제를 해결하세요

고객이 겪는 문제를 해결할 수 있는 아이디어를 떠올려 보세요. 고객들이 멋있는 모자를 원한다면, 멋있는 모자를 만들어 주세요. 더운 날에 시원한 레모네이드 한 잔을 마시고 싶어 한다면, 레모네이드를 만들어 주세요. 한 가지 상품을 골라서 그걸 잘 만드는 데 집중하세요.

### 5단계  계획을 세우세요

수첩을 꺼내서 고민해 보세요. 어디에서 상품을 판매할 건가요? 실제로 존재하는 장소인가요, 아니면 온라인인가요? 홍보는 어떻게 할 건가요? 재료와 도구를 살 돈이 필요한가요? 돈을 충분히 모아 두었나요, 아니면 다른 사람에게 빌려야 하나요? 허가증이 필요한가요? 훈련을 받아야 하나요? 엄청나게 맛있는 쿠키를 만드는 비밀 레시피를 할머니에게 전수받아야 하나요? 팀이 필요한가요?

### 6단계  아이디어를 시험해 보세요

대상으로 하는 사람들에게 여러분의 아이디어를 시험해 보세요. 피드백을 받아서 여러분이 팔고자 하는 상품이나 서비스를 더 낫게 만드세요. 새로 알게 된 것에 기초하여 5단계로 돌아가서 계획을 고쳐야 할 수도 있어요.

### 7단계  시작하세요

이제 시작할 시간이에요. 그렇지만 상품이나 서비스를 고쳐 나가기 위해, 계속 6단계로 되돌아가서 테스트하고, 피드백을 받고, 개선하세요. 계속해서 그렇게 해 나가면 어느새 굉장히 만족스러워하는 고객들이 생길 거예요!

## 놀라운 선구자들

사업을 시작하려면 지나치게 일이 많거나 오래 걸릴 것 같더라도, 걱정하지 마세요. 보고 배울 수 있는 사람이 많아요. 그리고 비결은 작게 시작하는 거예요. 세상에는 거의 아무것도 없이 작게 시작해서 성공적인 사업을 일궈 낸 사람들이 엄청나게 많답니다.

이름: 스티브 잡스
국가: 미국
기업: 애플(Apple)
사업을 시작한 나이: 21세

### 왜 사업을 시작했나요?

컴퓨터가 엄청나게 비싸고 정말 복잡하던 시절에 저렴한 개인용 컴퓨터를 만들기 위해서.

### 어떻게 사업을 시작했나요?

1975년에 스티브 잡스와 스티브 워즈니악은 캘리포니아의 팰로앨토에서 함께 컴퓨터를 만들기 시작했어요(워즈니악은 컴퓨터를 정말 잘 만들었어요. 그가 처음 컴퓨터를 만든 건 13세 때예요!). 이 둘은 당시에는 컴퓨터를 몇 개 못 팔았지만, 번 돈을 컴퓨터 디자인을 개선하는 데 썼죠. 1977년, 애플 II 컴퓨터는 판매 첫해에 300만 달러 이상을 벌어들였어요. 그리고 고작 2년 뒤에는 2억 달러 이상을 벌어들였죠. 하지만 잡스의 삶이 순탄했던 건 아니에요. 잡스는 심지어 애플에서 쫓겨난 적도 있었어요. 그렇지만 결국에는 CEO(최고 경영자)로 되돌아왔고, 아이맥, 아이팟, 아이패드, 아이폰 같은 애플의 대표적인 상품을 만들어 냈어요.

**이름**: 잉바르 캄프라드
**국가**: 스웨덴
**기업**: 이케아(Ikea)
**사업을 시작한 나이**: 17세

### 왜 사업을 시작했나요?

사람들이 저렴한 가구를 원했기 때문에. 그리고 그가 이후에 알아낸 바와 같이, 사람들은 납작하게 포장되어서 운송하기에 편하고 가격도 저렴한 가구를 진짜진짜 원했어요.

### 어떻게 사업을 시작했나요?

5세 때, 잉바르는 이웃들에게 성냥을 팔았어요. 7세 때는 성냥을 대량으로 사서 팔면 더 수익을 올릴 수 있다는 사실을 알았죠. 17세 때는 좋은 성적을 받은 대가로 아버지에게서 받은 용돈을 사업을 시작하는 데 사용했어요. 그 사업이 이케아였고요. 처음에는 가격대가 낮은 펜과 액자 등을 팔다가, 이후에 우편으로 주문하는 가구를 팔았는데, 이게 큰 인기를 얻었어요. 어느 날 이케아 직원 한 명이 탁자를 자동차에 실으려고 탁자 다리를 떼어 낸 일이 있었는데, 이것이 이케아가 오늘날처럼 유명해진 납작한 가구 포장의 시초가 되었답니다!

이름: 아니타 로딕
국가: 영국
기업: 더바디샵(The Body Shop)
사업을 시작한 나이: 33세

## 왜 사업을 시작했나요?

완전히 자연적이고 동물 실험을 하지 않은 화장품을 만들기 위해서(당시에는 매우 흔치 않은 일이었어요.).

## 어떻게 사업을 시작했나요?

아니타는 첫 화장품 가게를 시작하기 위해 돈을 빌렸어요. 가게는 몹시 작았죠. 제품은 손으로 라벨을 쓰고 다섯 가지 크기의 용기에 나눠 담은 제품 20여 개가 전부였어요. 고객들은 동물을 학대하지 않고 만들어진 제품에 열광했고, 사업은 번창했답니다. 아니타의 캠페인 덕택에 화장품을 만들 때 동물 실험을 하는 게 영국에서 금지되었어요. 그뿐만 아니에요. 아니타는 세계를 여행하며 자신의 제품에 사용할 원재료를 탐색한답니다. 지역 농민들을 만나고 그들의 이야기를 공유하고 그들이 정당한 임금을 받을 수 있도록 했어요. 아니타는 사업으로 크게 성공했을 뿐만 아니라 사회에도 큰 영향력을 발휘한 거죠.

"그렇지만 이 사람들은 전부 어른들이잖아요?"
이렇게 말하는 여러분의 목소리가 들리는 듯하군요. 맞아요.
하지만 어릴 때 작은 사업을 시작한 이 사업가들을 보세요!

이름: 틸락 메타
국가: 인도
기업: 페이퍼스 앤 파셀스
 (Papers N Parcels)
사업을 시작한 나이: 13세

## 왜 사업을 시작했나요?

어느 날, 시험 준비를 하기 위해 꼭 필요한 책을 삼촌 댁에다 두고 왔어요. 그 책을 당일 배달해 줄 배달 회사들을 찾아봤지만 너무 비싼 거예요. 더 저렴하게 배달하는 방법이 분명 있을 텐데요!

## 어떻게 사업을 시작했나요?

틸락은 뭄바이에서 유명한 다바왈라들과 협업해 당일 소포 배달 서비스를 시작했어요. '다바왈라'는 이 지역에서 도시락을 배달하는 사람들인데, 굉장히 조직적일 뿐만 아니라 믿음직하기로 유명해요. 이 다바왈라들과 함께 일해서, 틸락은 엄청나게 빠른 일일 소포 배달 서비스를 할 수 있었을 뿐만 아니라 다바왈라들에게 부가적으로 돈을 벌 수 있는 기회를 제공했어요. 지금은 틸락이 학교를 다니는 동안 틸락의 삼촌이 CEO로서 회사를 경영하고 있어요(틸락은 방학과 주말에 일한답니다.). 페이퍼스 앤 파셀스는 크게 성장해서 전용 앱을 갖추었고 150명의 직원과 300명의 다바왈라 파트너가 팀을 이루어 활동하고 있어요.

**이름**: 미카일라 울머
**국가**: 미국
**기업**: 미 앤 더 비스(Me & the Bees)
**사업을 시작한 나이**: 4세

### 왜 사업을 시작했나요?

사람들은 레모네이드를 좋아하고, 좋은 레시피가 있었기 때문에! 레모네이드를 만들 뿐만 아니라 꿀벌을 위해 좋은 일을 해 줄 수 있어서.

### 어떻게 사업을 시작했나요?

미카일라는 벌에 대해 잘 알아요. 4세 때 일주일에 두 번이나 벌에 쏘인 적이 있었거든요. 처음에는 벌이 무서웠지만, 나중에는 벌이 얼마나 소중한 존재인지 알게 됐어요. 그래서 증조할머니의 레모네이드 레시피(아마씨와 벌꿀을 넣은 거예요.)와 부모님의 도움을 받아, 수익 일부를 벌 보호에 힘쓰는 단체에 기부하는 사업체를 차렸어요. 처음에는 집 앞에 탁자를 놓고 레모네이드를 팔다가, 지역 피자집에 공급했고, 몇 년 뒤에는 미국 전역의 가게 수백 곳에서 팔게 되었답니다.

**이름**: 모자이아 브리지스
**국가**: 미국
**기업**: 모스 보스(Mo's Bows)
**사업을 시작한 나이**: 9세

### 왜 사업을 시작했나요?

앞에서 제가 멋있는 모자 얘기를 했을 때, 웃었죠? 모자이아는 손으로 만든 나비넥타이 사업을 시작했어요. 자신의 스타일이나 성격에 어울리는 물건을 도저히 찾을 수가 없어서요! 가게에서 파는 물건들은 너무 지루했거든요.

### 어떻게 사업을 시작했나요?

모자이아는 2011년 멤피스의 할머니 댁 식탁에서 장사를 시작했어요. 모자이아가 직접 넥타이를 디자인하고, 처음에는 어머니와 할머니가 넥타이를 바느질하는 것을 도와줬죠(할머니는 바느질도 가르쳐 줬답니다.). 시간이 지나며 모자이아의 넥타이는 각종 가게에서 팔렸고, 2017년에는 심지어 NBA의 30개 농구 팀에 1년간 넥타이를 공급하는 계약을 따내기도 했어요!

# 자, 이제 여러분의 차례예요!

여기에 여러분이 지금 당장 시작할 수 있는 사업 아이디어가 있어요.

- 레모네이드 (혹은 다른 주스) 판매
- 반려동물 돌봐 주기
- 집에서 만든 케이크나 쿠키 팔기
- 어르신들 심부름하기
- 선물과 선물 바구니 팔기
- 음악 공연 (혼자서, 아니면 밴드로)
- 직접 만든 감사 카드 팔기
- 직접 만든 양초 팔기
- 선물 포장 서비스
- 업사이클링 (낡은 것들을 새롭게 고쳐서 팔기)
- 청소 서비스
- 더 어린 아이들 가르치기 (한 과목을 아주 잘한다면, 더 어린 학생을 가르칠 수 있어요.)
- 정원 돌보기 (예: 갈퀴질)
- 수리 서비스 (예: 컴퓨터 수리)
- 티셔츠 디자인과 만들기 (혹은 다른 패션 디자인)
- 액세서리 디자인
- 웹 사이트 디자인
- 파티 계획하기
- 브이로그나 유튜브 (하지만 부모님의 허락을 받아야 해요.)
- 다른 아이들의 파티에서 디제이나 사회자로 일하기
- 광고용 사진 찍기 (사진 사용권을 셔터스톡(Shutterstock) 같은 회사에 팔기)
- 개 산책시키기

더 떠오르는 아이디어가 있나요?

## 요약

★ **목표**에 대해 생각해 보세요. **비전 보드**가 도움이 될 수 있어요. 언제나 눈에 띄는 곳에 붙여 놓으세요.

★ 용돈을 벌 수 있는 상황이라면, 나 자신에게 물어보세요. 사람들이 원하고 필요로 하는 것은 무엇인가? 내가 사람들에게 줄 수 있는 것은 무엇인가?

★ 할 수 있는 일은 정말 많아요. 어떤 일이 여러분에게 신나고 흥미로운지 생각해 보세요.

★ 세상이 바뀌고 있어요. 그것도 아주 빨리요. 그러니까 새로운 것을 배우는 것에 익숙한 사람이 되어야 해요.

★ 어떤 일을 잘하게 되기까지는 긴 시간의 연습이 필요해요. 몇 주, 몇 달, 또는 몇 년이 걸릴 수도 있어요. 가장 좋은 연습은 **의도적 연습**이에요.

★ 돈을 벌 수 있는 또 다른 방법은 **사업가**가 되는 거예요. 사람들이 필요로 하는 것과 원하는 것을 찾아내세요. 이것저것 시험해 보고, 사람들이 뭘 좋아하는지 생각해 보고, 필요하다면 사업의 이런저런 부분을 고쳐 가는 과정을 계속 반복하세요!

★ 사업을 시작하는 것은 쉽지 않아요. 하지만 세상에는 작게 시작해서 훌륭한 일을 해낸 사람들이 많고, 그중에는 여러분처럼 어린 사람들도 있어요. 어쩌면 여러분도 그들의 일원이 될 수 있을지도 몰라요.

---

**자, 이제 돈이 생겼으면, 어떻게 쓰는지 알아야겠죠?
간식이라도 먹으면서 다음 장을 넘겨 보세요.**

# 제 3 장
# 돈을 쓰는 방법

그래서, 돈이 생겼다고요?

# 와우!

이제 어떻게 하면 될까요? 어디에 어떻게 이 돈을 왕창 써 버릴 수 있을까요?

일단, 왕창 쓰기보다는 생각을 많이 합시다. 소비는 **선택**의 문제예요. 돈의 양이 한정되어 있으니, 어디에 쓸지 결정해야 해요(또한 돈을 얼마나 쓸지, 얼마나 저축하고, 불리고, 나눌지 역시!). 소비란 그래요. 한 곳에 돈을 쓰면 다른 곳에는 쓸 수가 없어요.

이 현상에는 '기회비용'이라는 어려운 이름이 있답니다. '기회비용'이란, 어떤 선택을 함으로써 포기하게 되는 두 번째 선택지의 가치를 말해요. 아이스크림 가게에 갔다고 생각해 볼까요? 주머니에 한 종류의 아이스크림을 살 돈밖에 없어서, 초콜릿 아이스크림이나 딸기 아이스크림 중 하나를 선택해야 해요. 초콜릿 아이스크림을 선택하면 딸기 아이스크림은 못 먹는 거죠. 초콜릿 아이스크림의 기회비용은 그것 때문에 포기해야 하는 딸기 아이스크림이에요. 그 반대의 경우도 해당되고요.

또한 돈을 쓴다는 것은 **우선순위**의 문제예요. 어떤 것은 다른 것보다 중요해요. 따라서 돈을 쓰기 전에 여러분 자신에게는 무엇이 가장 중요한지 파악해야 해요.

## 첫 번째로 생각해야 할 것은, 그게 내게 '필요한 것'인지, 내가 '원하는 것'인지예요.

'필요한 것'은 반드시 있어야 하는 것, 그러니까 음식, 물, 기본적인 의복, 안전하게 살 수 있는 집을 말해요.

'원하는 것'은 있으면 좋은 것, 그러니까 사치품들, 재미있는 것들이에요. 내가 진짜 좋아하는 핸드폰, 입으면 엄청 멋있어 보이는 재킷, 모두가 칭찬해서 꼭 보고 싶은 영화 같은 것 말이죠.

우리는 '필요한 것'을 우선시해야 해요. 지금은 여러분에게 '필요한 것'을 부모님이나 다른 누군가가 책임지고 있겠지만, 미래에는 여러분이 책임져야 해요. 그러니까 필요한 것과 원하는 것을 잘 구분할 수 있어야 해요. 예쁜 코트와 하이힐과 염색약에 돈을 다 써서 일주일간 먹을 걸 살 돈이 없으면 안 되잖아요.

# 내가 교묘한 광고인들에게 속고 있나요?

앞 장에서 '기술'에 대해 이야기했던 것, 기억나나요? 광고업계에서 일하는 사람들은 여러분이 '원하는 것'을 '필요한 것'으로 착각하게 만드는 기술을 가지고 있어요. 광고는 어딜 가나 우리를 쫓아와요. 텔레비전 광고, 인터넷 광고에서부터 커다란 옥외 게시판, 시리얼 상자 뒤, 영화에 은근슬쩍 등장하는 상품들까지 말이에요. 그리고 광고업계 사람들은 우리를 속이기 위해 교묘한 수법을 사용한답니다.

## 첫 번째 수법 : 연상

우리의 뇌는 생각과 그림, 심지어 기분까지 서로 연결하는 것을 좋아해요. '달콤하니 초콜릿'이라는 상품의 광고에 부드러운 초콜릿이 흘러내리는 장면이나 사람들이 초콜릿을 나눠 먹으며 즐거워하는 모습이 나오면, 그게 여러분의 뇌리에 박히게 되는 거예요. '달콤하니 초콜릿'을 떠올리면, '부드럽고, 꿈결 같고, 입안에서 살살 녹는 초콜릿'이라는 생각을 하게 되는 거죠. 그래서 기분이 편안해지고, 행복해져요. 마치 친구들과 놀 때처럼요. 똑똑한 광고는 이렇게 우리 마음속에 연상 작용을 남길 수 있어요.

## 두 번째 수법: 유명인과 인플루언서

또 하나 흔하게 쓰이는 수법은 광고나 영화에 유명인과 인플루언서(대중에게 영향력을 미치는 사람)를 출연시키거나 그들에게 SNS에 상품에 관한 글을 올리도록 하는 거예요. 우리가 좋아하는 사람들이 어떤 상품을 좋아한다니, 그건 당연히 좋은 상품일 거라고 생각하게 되잖아요. 하지만 이 유명인들은 상품을 광고하고 돈을 받아요. 그걸 실제로 사용한다는 의미가 아니에요! 우리는 똑똑하잖아요, 그렇죠? 그런 수법에 넘어갈 리가 없어요! …… 그런데 넘어가는 게 문제예요. 매번.

## 세 번째 수법: 두려움

두려움만큼 우리를 잘 움직이게 하는 감정도 없어요. 광고인들은 그걸 잘 알아서, 우리의 두려움을 이용해 '원하는 것'을 '필요한 것'으로 둔갑시키죠.

> 이 치약을 사용하지 않으면, 여러분의 이는 온통 새까맣게 변해서 빠져 버릴 거예요.

광고인들이 사용하는 또 다른 종류의 두려움은 '나만 기회를 놓칠까 봐 두려운 마음'이에요. 최신형 어쩌고가 꼭 필요해요! 왜냐하면 모두가 가지고 있으니까요(아니면 곧 가지게 될 테니까요!). 우리만 그걸 안 가질 수는 없잖아요?

## 네 번째 수법 : 반복

광고는 우리 머릿속에 내용이 입력될 때까지 끝도 없이 나와요. 물건을 선택할 상황이 될 때, 우리는 대체로 익숙한 물건을 골라요. **익숙함=믿음직함**이니까요. 그리고 놀랍게도, 어떤 말을 충분히 여러 번 들으면 그게 사실이라고 생각할 확률이 높아진대요. 광고에 노출되는 시간이 길어질수록 여러분은 이 상품을 사야만 행복해지거나, 인기가 많아지거나, 정리 정돈을 잘하게 되거나, 건강해지거나, 기타 등등이라고 생각하게 되는 거예요.

우리에게 영향을 주는 것은 광고뿐만이 아니에요. 우리의 롤모델, 즉 우리의 우상, 패션 아이콘, 친구들도 우리에게 영향을 줘요. 그래요, 친구들도요! 친구들이 우리를 둘러싸고 뭘 사라고 강요한다는 말이 아니에요 (그러지 않기를 바라요!). 하지만 우리는 친구들에게, 그리고 친구들의 생각에 신경을 써요. 사랑받고 싶으니까요. 그래서 친구들이 보기에 더 나은 사람, 더 멋진 사람, 더 성공적인 사람, 더 부러운 사람, 더 사랑받을 만한 사람이 되기 위해서 끊임없이 물건을 사는 거예요.

문제는, '원하는 것'에는 끝이 없다는 점이에요.

나는 이걸 가지면 행복해질 거야. 자전거 — 태블릿 — 티셔츠 — 모자 — 셔츠 — 바지 — 핸드폰 — 노트북 — 영화표 — 신발 — 게임 — 콘서트 — 가방 — 스누보 — 머리 — 운동화 — 액세서리 — 음악 — 헤드폰……

세상에는 언제나 더 나은 것, 더 새로운 것, 더 반짝이는 것이 있을 거예요. 이런 사고방식으로는 돈을 엄청나게 많이 쓰기 쉬워요. 그리고 소비를 주의하지 않으면 위험한 상황에 처할 수도 있죠.

광고와 또래의 압력에 맞서는 방법은 있는 그대로의 '나'와 친해지는 거예요. 그리고 내가 가진 것에 **만족**하는 거예요. 꿈을 가지면 안 된다는 말이 아니에요. 꿈도 중요해요. 하지만 행복을 **물건**과 결부 짓는 것은 효과가 없어요. 기본적인 필요가 충족되고 나면, 행복은 물건에서 오지 않아요. 선물 상자를 열어서 그 안에서 행복을 찾을 수는 없어요. 행복은 여러분 안에서 나오는 거예요. 그리고 친구들은(진정한 친구들이라면) 새 운동화나 최신 비디오 게임이 있느냐 없느냐로 여러분을 판단하지 않을 거예요.

### 여러분의 비밀 무기

감사는 우리의 통제를 벗어나려는 '원하는 것'에 맞설 수 있는 비밀 무기예요. 이미 가지고 있는 것에 집중할수록, 그리고 그것들을 가진 게 얼마나 행운인지 인지할수록, 내 삶에서 부족한 것에 대해서 생각하는 시간이 줄어들어요. 궁극적으로 우리가 물건을 사고 싶은 이유는 뭔가가 부족하다고 느껴서, 그 운동화만 가질 수 있다면 우리가 더 똑똑하고 더 멋있고 더 행복하고 모든 것이 괜찮을 거라고 느끼기 때문이에요. 현재 주어진 환경에 감사하는 것은 우리 삶에 운동화 모양의 구멍이 나 있지 않다고 자기 자신에게 알려 주는 거예요. 새 운동화가 없어도 우리 삶은 이미 충분히 괜찮아요.

그러니까 매일 밤 잠자리에 들기 전에, 감사한 것 세 가지를 써 보세요. 큰 것이든 작은 것이든 괜찮아요. 세 가지요.

# 예산 세우기

필요한 것과 원하는 것을 구분할 수 있게 되면, 예산을 세울 수 있어요. '**예산**'이란 돈을 쓰기 위한 계획이에요. 예산은 두 부분으로 나누어져 있어요.

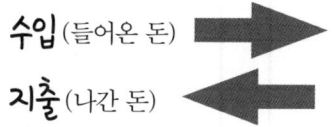

**수입** (들어온 돈)
**지출** (나간 돈)

다음과 같이 표를 예쁘게 만들어 보세요. 어려워할 필요 없어요. 개념 자체는 굉장히 단순하니까요!

| 수입 | 예상 | 실제 |
|---|---|---|
| 용돈 | | |
| 따로 번 돈 | | |
| 누가 준 돈 | | |
| 합계 | | |

| 지출 | 예상 | 실제 |
|---|---|---|
| 저축 | | |
| 아이스크림 | | |
| 영화 | | |
| 운동화 | | |
| 지역 도서관에 기부 | | |
| 합계 | | |

**수입**에는 이번 달에 들어올 것이라고 생각하는 돈을 전부 쓰세요. 주기적인 용돈이나 심부름값(만약 심부름값을 받는다면요.), 어른이 준 돈, 부업이 있다면 부업으로 번 돈, 그리고 나중에는 일을 해서 번 돈을 쓰면 돼요.

**지출**에는 돈을 쓰기로 계획한 곳을 전부 쓰세요. 가장 위에 '저축'이라는 부분이 있는 게 보일 거예요. 저축은 엄밀히 말해 지출은 아니지만, 아주 중요한 원칙을 지키기 위해 여기에다가 써 놓았어요. 그 법칙은 다음과 같아요.

**저축 먼저!** 쓰고 남은 돈을 저축하는 대신에, 돈을 쓰기 전에 미리 저축하세요. 여기에서 '저축'이란 폭넓은 의미예요. 쓰지 않는 돈은 전부 저금으로 취급하는 거예요. 어쩌면 예금 통장에 넣을 수도 있고, 아니면 어딘가에 투자할 수도 있을 거예요(이 부분에 대해서는 제5장에서 다시 얘기할게요.).

표를 만들면, 수입의 총액과 지출의 총액을 비교할 수 있게 돼요. 지출이 수입보다 커서는 안 돼요. 그런 상황을 '예산 초과'라고 해요.

## 예산 초과! 경고!

'예산 초과'란, 없는 돈을 쓰려 한다는 거예요. 예산이 초과되면 돈을 더 벌 방법을 찾거나, 지출을 줄이거나, 둘 다를 해야 해요. 이런 상황에서 가장 좋은 팁은…… 할 수만 있다면, 둘 다 하는 게 좋아요!

자, 기억합시다. 이건 전부 '예상 금액'이에요. 앞으로 한 달 동안 여러분은 '실제 금액'을 써 내려가야 해요. 그러니까 영수증을 모두 모아 두세요! 어쩌면 여러분의 예상 금액은 예산 초과였지만, 지출을 줄이거나 수입을 늘리면(또는 둘 다 하면!) 실제 금액은 예산 안에 있게 돼요.

## 수입이 지출보다 많다. 아자!

이제 남은 돈을 저축할 수 있어요. 아니면 기부할 수도 있고요. 그것도 아니면 다음 달로 넘길 수 있어요. 어느 쪽을 선택하든, 좋은 일이에요! 하이 파이브!

## 잠깐! 공돈에 관한 한 마디

우리가 벌지 않은, 예상치 못한 돈이 생길 때가 있죠? 선물로 받거나 소파 뒤에서 지폐를 찾든가 하는 거요. 그럴 때면 우리는 마치 이 돈이 **공짜**인 것처럼 행동하고는 해요. '필요한 것' 따위의 지루한 것에 쓰거나 저축, 투자같이 합리적인 일에 쓰지 않아요. 사실 필요하지 않은 것에 쓰고 싶어 하죠. 하지만 이 말을 기억하세요.

공돈 같은 건 없어요!

돈은 그냥 돈이에요. 선물로 받은 돈은 열심히 일해서 번 돈과 똑같아요. 그러니까 같은 돈으로 취급하고, 얼마나 소비하고 저축하고 불리고 나눌지 곰곰이 생각해야 해요.

# 돈을 쓸 때는, 잘 써야 해요

돈을 쓸 준비가 되었다면, 요령 있게 써야 해요. 아이스크림이나 영화표처럼 단기적인 것에 다 써 버릴 건가요? 먹고 즐기는 동안에는 좋지만, 한순간 사라져 버리죠. 아니면 계속 가지고 있으면서 몇 번이고 쓰고 즐길 수 있는, 책이나 게임같이 오래가는 것에 쓸 건가요? 충동구매와 패스트 패션을 주의하고, 실제로는 별로 좋지 않은 '좋은 가격(특별 할인)' 도 조심하세요!

## 충동구매

'충동구매'란 별생각 없이 물건을 사는 것을 말해요. 한순간의 결정 말이죠. 충동구매를 하고 나면 행복감과 비슷한 감정을 느끼는데, 이걸 주의해야 해요. 주체할 수 없게 될 수도 있어요. 충동구매를 몇 번 하고 나면 지출할 돈이 하나도 남아 있지 않게 될 거예요. 자기 자신에게 물어보세요. '이게 정말로 필요한가?' 그렇지 않다면, **사지 마세요.**

확고한 계획(쇼핑 목록과 예산은 여러분의 친구!)을 세워서 충동구매를 막으세요.

어떤 은행에서는 어른의 은행 계좌와 연결된 어린이용 카드를 발급하기도 해요. 6세 때부터 사용할 수 있고, 여러분의 소비·저축·기부를 되짚어 볼 수 있는 앱이 딸려 있어요. 또한 지출할 수 있는 금액이 정해져 있어서, 예산 초과를 걱정할 필요도 없어요.

하지만 조심하세요. 은행 카드는 정말 유용하지만 과소비를 하기 쉬우니까요. 돈을 쓰는 게 너무 빠르고 쉽기 때문에 지출처럼 느껴지지도 않아요. 그러니까 가끔은 현금을 쓰는 것이 차라리 나을 수도 있어요. 내가 지금 돈을 어떻게 쓰고 있는지 점검할 시간을 주거든요. 그리고 현금은 실제로 사라지는 것이 눈에 보이잖아요. 그렇지만 은행 카드는 그렇지 않아요.

## 패스트 패션

 싸고 예쁜 옷을 사는 건 좋은 소비처럼 느껴질지도 모르지만, 주의하세요. 값이 싼 이유는 품질이 낮기 때문일 수도 있거든요. 세상에는 옷을 싸게 파는 가게가 참 많아요. 이런 가게에는 새 상품이 끊임없이 들어오곤 해요. 모든 게 싸기 때문에 돈을 아끼는 기분이 들죠. 하지만 이런 상품이 품질이 낮은 것이라면 오래가지 않을 테고, 그러면 얼마 지나지 않아 새 물건을 사러 다시 가게에 가게 될 거예요. 장기적으로 봤을 땐 돈을 더 쓸 수도 있는 거죠.

 또한 패스트 패션은 엄청난 낭비이고, 환경 오염을 불러일으켜요. 여러분이 버리는 옷 중 기증하거나 재활용되지 않은 천은 결국 매립지로 가게 돼요(2017년에 영국에서만 2,350만 장의 의류가 매립되었어요.). 탄소 배출 역시 큰 문제예요. 유엔(UN)에서는 항공업계와 해운업계를 합친 것보다도 많은 에너지를 패션업계에서 소비한다고 밝힌 바 있어요. 놀랍지 않나요? 그리고 패스트 패션 옷은 대체로 합성 섬유로 만들어졌는데, 한 번 세탁할 때마다 70만 개의 마이크로파이버(초미세 합성 섬유)를 자연으로 배출해서 바다를 오염시키고 바다에 사는 생물들을 위협해요. **물고기가 불쌍해요!**

# 그다지 특별하지 않은
# '특별 할인 행사'를 주의하세요

요즘은 **어딜 가나** 특가 상품들이 있어요. 어째서 특가 상품이 효과적인지 알기 위해서는, 인간의 뇌를 이해할 필요가 있어요. 뇌는 매우 뛰어난 기관이지만, 뇌가 만들어진 아주 옛날과 지금은 상황이 많이 달라요. 뇌는 기본적으로 에너지를 절약하도록 만들어졌어요. 이전에는 포식자와 맞서 싸우거나 식량을 사냥하는 것같이 중요한 일에 에너지를 써야 했어요. 그래서 생각이나 의사 결정같이 에너지를 많이 소모하는 일에 에너지를 사용할 수 없었죠. 그리고 또 다른 중요한 자원인 시간도 마찬가지였고요.

그래서 뇌는 우리가 빨리 결정을 내리도록 지름길을 가곤 해요. 검치호(약 200만 년 전, 인류가 생겨날 무렵에 살았던 육식 동물이에요.)나 거대한 곰이 우리를 점심으로 먹어 치울까 봐 걱정할 필요가 없는 오늘날에도 말이에요. 여러분이 쇼핑을 할 때, 이런 지름길이 문제가 되곤 해요. 광고인들이 지름길의 존재를 알고 이용하거든요.

물건을 비교할 때, 우리 뇌는 시간과 에너지를 절약하기 위해 일종의 **기준점**을 정해요. 이전 가격에 줄을 긋고 더 낮은 가격을 써 둔 가격표를 보면, 이전 가격이 기준점이 되는 거예요. **기회비용**(이것을 사기 위해 무엇을 포기해야 하는지)에 대해 생각하는 대신, 이게 얼마나 끝내주는 가격인지에 대해 생각하게 되는 거죠. 친구들, **이건 함정이에요!**

이제 할인에 대해 말해 볼까요? 설마 가게에서 할인을 할인처럼 보이게 하기 위해서 원래 가격을 억지로 부풀리지는 …… 않겠죠? 그렇지만 실제로 어떤 가게들은 끝나지 않는 할인 행사를 하고 있죠. 다 속임수예요. 효과가 끝내주는 속임수요.

## 뻔뻔한 유인용 물건

영화관에서 팝콘을 사려고 할 때 이것과 비슷한 함정을 접했을지도 몰라요. 다음과 같은 세 가지 크기의 팝콘을 본 적 있나요?

작은 크기: 4,500원    중간 크기: 6,000원    큰 크기: 7,000원

중간 크기의 팝콘은 유인용 물건, 즉 우리 주의를 산만하게 하기 위한 바람잡이예요. 여러분에겐 큰 크기의 팝콘이 필요하지 않아요. 하지만 이걸 보면 다음과 같이 생각하게 되죠. '1,000원밖에 차이 안 나는데, 중간 크기를 고르는 건 말이 안 돼!' 여러분은 상식적인 사람이니까 상식적인 결정을 하죠. 하지만 이 결정은 판매자들이 여러분이 내리기를 바라는 결정이에요.

## 끝내주는 할인 상품?

우리 뇌는 할인 상품을 귀신같이 포착해요. 다음과 같은 표지판에 쉽게 속아 넘어가죠.

'공짜'라는 단어를 보는 것만으로도 우리 뇌는 행복감과 비슷한 감정을 느껴요(충동구매를 할 때처럼요.). 공짜라는 단어는 그렇게 강력하답니다. 우리는 할인 상품을 정말 좋아해요. 그렇지만 정말로 할인 상품이 싼 걸까요? 그 상품이 필요하지 않고, 그걸 애초에 살 생각이 없었다면, 답은 '아니요'예요.

쿠폰과 할인 코드에도 같은 법칙이 적용돼요. '이것이 필요한가?'라고 먼저 생각해 보세요. 음식같이 잘 상하는 제품은 쿠폰이나 2+1 행사 같은 걸 자주 하는데, 그 이유가 뭐겠어요? '공짜'로 받은 상품은 대체로 쓰레기통에 들어간답니다.

핵심은 **일단 멈추고, 생각하기**예요. 자기 자신에게 물어보세요. '정말로 이게 필요한가? 그리고 이 가격이 정말 좋은 가격인가?'

### 잠깐! '원하는 것'이 있는 게 나쁜 건 아니에요

'필요한 것'을 모두 충족했고 미래에 대해서 생각하고 있다면, 당연히 종종 '원하는 것'을 위해 돈을 쓰는 건 문제가 안 돼요. 절대로 그래서는 안 된다는 말이 아니에요. 저라고 그 정도로 쩨쩨한 사람은 아니라고요!

## 사전 조사를 하세요!

여러 가게를 돌아다니며 가격을 비교해 보세요. 비슷한 제품도 비교해 보고요. 기억하세요. 슈퍼마켓의 자체 브랜드 상품은 다른 브랜드 상품보다 저렴한 경우가 많은데, 맛은 똑같거나 오히려 나은 경우가 있다는 걸요! 집에서 맛을 비교해 보세요. 평소에 사던 브랜드 제품과 슈퍼마켓 자체 브랜드 상품을 사 오세요. 그리고 집안사람들을 불러서 어느 게 어느 것인지 맞춰 보라고 하세요.

'가격'과 '가치'는 달라요. '가격'은 여러분이 물건을 살 때 내는 값이에요. '가치'는 그 물건이 실제로 여러분에게 가지는 의미이고요. 맛을 비교해 봤는데 슈퍼마켓 자체 브랜드의 초콜릿이 유명 브랜드 초콜릿보다 더 맛있는 데다가 더 싸기까지 하다면, 실제 가치는 첫 번째 초콜릿이 훨씬 높은 거예요!

가능할 때마다 고객들의 이용 후기를 확인하세요. 인터넷에는 상품에 대해 사람들이 뭐라고 생각하는지 알아볼 수 있는 이용 후기 사이트가 많답니다. 그렇지만 모든 후기를 있는 그대로 받아들이지 않도록 주의하세요. 좋은 후기든 나쁜 후기든, 후기에도 역시 가짜가 존재하니까요!

### 보충 : 안전하게 쇼핑하기

여러분이 조금 더 나이가 들어서 온라인으로 물건을 사게 되면, 안전한 인터넷 환경을 갖추고, 수상해 보이는 웹 사이트를 주의하도록 하세요. 예를 들어 가격이 지나치게 좋아 보이는 사이트는 의심해 볼 만해요. 이런 수상한 사이트의 링크를 클릭하면, 바이러스에 감염되거나 여러분의 핸드폰이나 컴퓨터에 해커가 들어올 수도 있어요. 헉! 웹 사이트 주소창 옆에 자물쇠 아이콘이 있는지 꼭 확인하고, 그걸 클릭했을 때 경고창이 뜨면 웹 사이트에서 나와야 해요!

웹 사이트에서 카드 정보를 저장할지 물어보면, '아니요'를 클릭하세요. 개인 정보, 패스워드, 비밀번호는 아주 소중하게 다뤄야 해요. 못된 사람들의 손에 들어가면 여러분의 정보를 몰래 이용해서 많은 돈을 빌리거나 쓸 수 있어요. 온라인으로 생년월일 등을 공유하는 게 안 좋은 이유예요.

# 요약

★ **'필요한 것'**과 **'원하는 것'**을 구분하세요. '원하는 것'을 '필요한 것'으로 둔갑시키는 광고를 주의하세요.

★ **예산**을 짜세요! 들어오고 나가는 돈은 예상치 못한 것이라도 전부 써넣으세요. 공돈은 없어요. 전부 소중한 돈이에요. 그리고 모든 돈에는 같은 규칙이 적용됩니다. **저축 먼저!**

★ **충동구매**를 피하세요. 여러분은 충동 따위에 지지 않아요! 특별하지 않은 특별 할인 행사를 주의하세요.

★ **가격**과 **가치**는 달라요. 가격은 가격표에 쓰인 숫자이고, 가치는 그게 실제로 여러분에게 가지는 의미예요. 가치를 알아내는 실력을 기르세요.

★ **사전 조사**를 하세요. 상품과 가격을 비교해 보세요. 아는 것이 힘입니다.

★ 무엇을 하든 간에, **인터넷 안전 수칙**을 꼭 지키세요. 개인 정보나 비밀번호, 패스워드를 다른 사람과 절대 공유하지 마세요.

# 제 4 장
# 돈을 저축하는 방법

이제 저축할 준비가 되었군요. 아주 좋아요. 미래의 여러분은 현재의 여러분에게 **엄청나게** 고마워할 거예요. 그리고 앞 장의 **예산**에 관한 내용에 주의를 기울이고 있다면, 지출을 고려하기 전에 먼저 저축을 고려하고 있을 거예요. 그런데 돈을 보관하기에 가장 좋은 장소는 어디일까요? 다음 퀴즈에 답해 보세요.

## 퀴즈 타임 : 돈을 어디에 보관하는 게 좋을까요?

1. 쿠키 병
2. 양말 서랍 / 매트리스 밑 / 냉동실 등등
3. 저금통
4. 은행 계좌

①부터 ③까지를 골랐다면, 실망이에요! 정답은 ④ 은행 계좌예요. 여러분이 버는 모든 돈은 은행에 넣어야 해요. 그 돈을 써야 할 때가 오면 현금을 인출하거나 은행 카드를 사용할 수 있어요. 여러분이 몇 살인지, 그리고 여러분이 사용하는 카드가 어떤 카드인지에 따라, 나이가 더 많은 사람에게 도움을 청해야 할 수도 있어요.

## 은행 계좌는 여러분의 돈을 지켜 줘요

일단 여러분 자신에게서 지켜 줘요. 쿠키 병에 손이 슬금슬금 가는 것을 막아 주니까요. 그리고 도둑에게서도 지켜 주죠. 도둑들은 집에 몰래 숨어들어 재빨리 돈을 찾아낸 다음 줄행랑을 친답니다. 그들은 사람들이 보통 어디에 돈을 숨기는지 다 알고 있어요. 어쩌면 여러분은 창의력을 발휘해서 예상치 못한 곳에 돈을 숨길지도 몰라요. 문제는, 숨기는 장소가 그렇게 특이하다면, 돈이 정말 필요할 때 어디다 숨겨 뒀는지 모를 수도 있다는 거예요. 아니면 다른 일이 일어날 수도 있어요. 2009년 이스라엘의 어떤 아주머니가 100만 달러(맞아요. 100만 달러요!)를 모아서 매트리스 안에 숨겨 둔 적이 있어요. 어느 날, 이 사실에 대해 전혀 모르고 있던 딸이 봄맞이 대청소를 한다며 매트리스를 버렸대요. 상상이 가나요?!

어떤 나라에서는 은행에 무슨 일이 일어날 경우 여러분의 계좌에 있는 돈 중 많은 양을 정부에서 보호해 주고 있어요. 한 예로 한국에서는 은행의 경우 5,000만 원까지 보호해 준답니다. 저금통이나 양말 서랍은 해 줄 수 없는 일이죠!

## 은행은 또한 들어오는 돈과 나가는 돈을 기록해 둬요

이 유용한 기록을 '**입출금 내역**'이라고 해요. 수입과 지출을 파악할 수 있게 해 줄 뿐만 아니라 돈을 얼마나 모았는지도 알려 준답니다. 저금통은 귀엽지만 그런 기능은 없잖아요!

고대 메소포타미아의 신전은 어떤 의미에서는 세계에서 가장 오래된 은행이에요. 엄청 안전했고(신에게서 도둑질을 할 간 큰 도둑은 없으니까요!) 곡물이나 귀금속 등을 보관했어요. 심지어 대출도 가능했는데, 이자를 낼 여력이 없는 사람들에게는 이자 없이 돈을 빌려줬어요. 그리고 점토판에다가 상세한 기록을 남겼는데, 여기에 쓰인 '설형 문자'는 기원전 3300년까지 거슬러 올라가고, 이것이 지금까지 알려진 바로는 세계에서 가장 오래된 문자예요. 인류가 처음으로 문자를 발명한 이유는 시나 기도문을 쓰기 위해서가 아니라, 재무 기록을 남기기 위해서였던 거예요!

## 은행은 공짜 돈을 나눠 줘요

저금통과 달리, 은행은 **이자**를 줘요. 단순히 말하면 **공짜 돈**이에요. 만 원을 저금통에다가 넣어 두면 50년 뒤에도 똑같이 만 원이겠죠? 한 가지 차이점이라면 50년 뒤의 만 원짜리 지폐는 낡았을 테고, 그렇지 않더라도 아마 그 시점에는 가치가 많이 떨어졌을 거예요. 인플레이션이라는 현상 때문이에요. 그렇지만 그 만 원을 은행 계좌에 넣으면 이자가 붙어요. 은행에 있는 동안 여러분의 돈이 **쑥쑥** 불어나는 거예요.

'인플레이션'이란 시간이 지날수록 물가가 오르는 것을 의미해요. 1989년 초코파이 12개짜리 한 상자 가격이 1,800원이었는데, 2019년에는 4,000원이 됐죠. 그러니까 50년간 숨겨 둔 만 원짜리 지폐로 물건을 산다면, 옛날보다 훨씬 적은 양을 살 수밖에 없어요.

## 어…… 왜 은행이 공짜 돈을 나눠 주는 거죠?

은행은 여러분이 예금하는 돈을 다른 곳에 사용하기 때문에 이자를 줘요. 은행 강도들에게는 미안한 얘기지만, 은행은 사람들이 맡긴 돈을 몽땅 지하 금고에 쌓아 두지 않아요. 그중 일부만 현금으로 가지고 있고, 나머지는 필요한 사람들에게 빌려주죠('예산 초과'한 사람들 말이에요!). 맞아요. 여러분의 돈은 아마도 모르는 사람들이 빌려 간 상태일 거예요. 하지만 걱정하지 마세요. 여러분의 돈은 보호받고 있으니까요. 은행은 돈을 빌려 간 사람에게 이자를 물리고, 그 이율은 상당히 높아요.

좀 더 자세히 설명해 볼까요? 여러분에게 사탕 100개가 있다고 생각해 보세요. 그 사탕을 사탕 은행에 맡겨요. 은행은 그 사탕을 잘 보관해 주겠다고 약속해요(은행이 집보다 더 안전해요. 여러분이 사탕을 먹어 버리거나 누군가가 사탕을 훔쳐 갈 수 없으니까요!). 그렇게 사탕을 맡겨 두고 다른 일을 하고 있는데, 사탕 괴물이 은행에 나타나서 사탕이 **정말정말** 필요하다고 말해요. 은행은 사탕 괴물에게 사탕 50개를 빌려줘요(여러분은 그 사탕을 지금 당장 필요로 하지 않으니까요!). 하지만 사탕 괴물은 빌려 간 사탕 50개를 모두 돌려주겠다고(매달 조금씩!), 그리고 사탕을 빌려 간 값으로 사탕 4개를 추가로 내겠다고 약속해야 해요. 이게 은행이 돈(또는 사탕)을 버는 방법이랍니다.

사탕 은행은 여러분의 사탕을 사탕 괴물에게 빌려준 대가로 여러분에게 사탕을 하나 더 얹어 줘요. 그게 여러분의 이자예요! 그리고 그게 여러분이 저축한 사탕(돈)이 손 하나 까딱하지 않아도 은행에서 불어나는 방법이에요.

# 슈퍼히어로, 악당, 그리고 돈을 빌린다는 것

여러분의 돈은 다른 많은 방법으로도 커지거나 작아질 수 있어요. 금융계의 슈퍼히어로와 악당들 때문에 말이죠.

## 복리 – 진정한 슈퍼히어로

복리는 너그럽고, 후하고, **엄청나게** 빨라요. 복리의 마법 같은 원리에는 수학이 관련되어 있는데, 다행인 건 여러분은 그 원리를 이해할 필요가 없다는 거예요. 휴! 여러분은 단지 그게 무슨 의미인지만 이해하고 있으면 돼요. 복리란 저금을 할 때 돈이 '눈덩이처럼' 불어나는 걸 말해요. 눈덩이를 언덕 밑으로 굴린다고 생각해 보세요. 처음에는 조그만 눈덩이(여러분이 은행에 예금한 돈)로 시작해요. 복리 덕분에 눈덩이를 굴리고 굴리고 굴리면, 시간이 지날수록 눈이 더 붙고(그게 **이자**예요.) 눈덩이가 더 커져요. 계속 굴리면 눈이 더

붙고 눈덩이가 더 커져요. 그렇게 더 커지고, 더 커지고…… 그러다 보면 마침내 거대한 눈덩이가 되죠. 그렇지만 이 **눈덩이 효과**는 여러분이 이자를 사용하지 않고 저금해 둬야만 생겨요. 그러니까 '돈과 이자에 또 이자가 붙음' = '정말 제대로 된 돈벌이 기회'인 셈이죠.

**주의**: 이건 일확천금을 꿈꾸는 게 아니에요. 복리가 제 역할을 하도록 하는 가장 큰 요인은 **시간**이에요. 괜찮은 이율도 중요하지만, 시간이 더 중요해요. 시간은 복리에게 막강한 힘을 줘요. 이게 저축을 최대한 빨리 시작해야 하는 이유예요. 이걸 읽고 있다면, 여러분은 이미 한 발 앞서 갈 수 있어요. 오늘 당장 시작할 수 있으니까요.

**질문**: 여러분이라면 오늘 당장 쓸 수 있는 1억 원을 택하겠어요, 1원으로 시작해서 30일간 매일 두 배로 불어나는 마법의 항아리 (1일 차에 1원, 2일 차에 2원, 3일 차에 4원 등등)를 고르겠어요?

대부분의 사람들은 1억 원을 고를 거예요.
대부분의 사람들은 틀렸어요.

30일이 지나면, 그 마법의 1원은 **5억 3천만 원** 이상으로 불어나 있을 거예요. 하루만 더 지나면 **10억 7천만 원** 이상이 될 거고요. 안타깝게도, 마법의 항아리는 존재하지 않아요. 하지만 매일 조금씩 저축하면, 끝에는 굉장히 많은 액수를 저축할 수 있어요. 950원짜리 물건을 사면 50원이 남죠? 그 50원을 저축하세요. 시간이 지나면 큰 액수가 되어 있을 거예요.

## 복리의 어두운 면

모든 슈퍼히어로에게는 단점이 있어요. **아이언맨**은 천재이지만 오만하고 사람들을 밀어내곤 해요. **원더우먼**은 강력한 전사이지만 보통 사람들이나 현대 사회에 대해서는 잘 몰라요. **헐크**는 엄청나게 힘이 세지만 자신의 힘을 잘 조절하지 못해요. 복리에도 단점이 있어요. 어두운 면이 있는 거죠. 복리는 여러분에게 득이 될 수도, 해가 될 수도 있어요! **헉!**

은행에서 돈을 빌리면 이자를 물어야 한다고 한 거 기억나세요? 만약 여러분이 나이가 조금 더 들어서 돈을 빌렸는데 매달 갚아야 하는 돈(분할 상환금)이 모자라면, 갚지 않은 부분에 대한 이자를 물게 돼요. 복리예요! 정신 차려 보면 어느새 빚이 잔뜩 늘어나 있을 거예요. 그래서 **신용 카드**(돈을 빌려 쓸 수 있는 은행 카드)를 발급받을 수 있는 나이가 되면, **조심해야 해요**. 신용 카드의 이율은 엄청 높고, 그 금액이 눈덩이처럼 불어나면 큰일 나요. 다음 월급날까지 버티게 해 주는 단기 대출 등도 마찬가지예요. 단기 대출을 해 주는 업체들은 여러분이 제시간에 돈을 갚지 않으면 지연 요금을 내게 만들 수도 있고, 이율을 높일 수도 있어요.

이런 말을 들으니 무섭다고요? 세상에는 이보다 더 무서운 게 있어요. 상어 같은 **사채업자**들이에요. 이 사람들은 이 바다 최고의 악당들이에요. 은행은 '신용 등급'이 높은 사람들에게만 돈을 빌려줘요. 신용 등급이 높다는 건, 은행이 그 사람이 돈을 잘 갚을 것이라고 신뢰한다는 의미예요. 청구서에 찍힌 금액이나 이자를 잘 내지 않아서 신용 등급이 낮으면, 은행에서는 돈을 빌릴 수 없을 수도 있어요. 그런 상황에서 어떤 사람들은 사채업자를 찾아가요. 사채업자들은 어마어마하게 높은 이자를 물리고, 돈을 제때 갚지 못하면 돈을 받아 내기 위해 여러분을 쫓아다니며 악독한 방법을 동원할 수도 있어요. 사채업자를 **멀리하세요**.

## 돈을 빌린다는 것

이런 악당들은 좀 무서워 보이지만, 사람들은 가끔 돈을 빌려야 해요. 예산에 난 구멍을 메우기 위해서일 수도 있고, 자동차나 집같이 크지만 중요한 지출을 하기 위해서일 수도 있어요. 돈을 빌린다고 상상하면 여러 가지 안 좋은 느낌이 들죠? 정상적인 반응이에요. 저축하고 지출을 통제하는 습관을 들이면 돈을 빌릴 필요가 없을 수도 있어요. 하지만 나중에 돈을 빌려야 하는 일이 온다면, 그래도 괜찮아요. 우리의 슈퍼파워 '계획'을 사용하면, 분할 상환금을 제때제때 갚고 결국 빚을 모두 갚을 수 있을 거예요.

대출과 신용 카드 발급을 쉽게 할 수 있다고 돈을 지나치게 많이 빌리지 않는 게 좋아요. 돈을 빌리는 건 이자가 비싸고, 제때 갚지 못하면 신용 등급에 영향이 갈 수도 있어요. 그러면 나중에 돈을 빌리는 게 더 어려워지고 이자가 더 비싸져요. 혹시 살다가 돈 때문에 어려운 일이 생기면, 도움을 받을 수 있는 곳이 많아요. 세상에는 어떻게 하면 빚을 갚을 수 있을지 알려 주는 것이 직업인 사람들이 있거든요. 도움을 청하는 건 부끄러운 게 아니에요. 이것은 돈 문제뿐만 아니라 삶의 모든 문제에 해당돼요.

## 주택 마련 대출

'주택 마련 대출'이란 주택이나 아파트 같은 부동산을 사기 위해 받는 대출을 말해요. 부동산은 몹시 비싸기 때문에, 주택 마련 대출을 받는 일은 아주 흔하답니다. 언젠가 여러분도 주택 마련 대출을 받을 수도 있어요. 그리고 그런 날이 온다면, 중요한 건 분할 상환금을 제때제때 갚고 결국 빚을 다 갚는 데 집중해야 한다는 거예요. 담보 대출의 경우에는 이게 특히나 중요해요. 분할 상환금을 제때 갚지 않으면 은행이 집을 가져다가 팔아서 빌려준 돈을 메꿀 수도 있거든요. 헉!

# 선택, 선택!
# 어느 계좌를 골라야 할까?

이제 돈이 생겼는데, 그걸 어디다가 넣어야 할까요? 은행 계좌는 언제든지 돈을 꺼내 쓸 수 있느냐 없느냐에 따라 크게 두 가지로 나누어져요. 언제든지 돈을 꺼내 쓸 수 있는 계좌에는 보통 예금 계좌와 저축 예금 계좌가 있는데, 이건 이율이 아주 낮아요. 그리고 정해진 기간 동안 돈을 건드릴 수 없는 계좌에는 정기 예금 계좌와 정기 적금 계좌가 있는데, 이건 이율이 비교적 높아요. 이 중 정기 예금 계좌는 정해진 기간 동안 한번에 목돈을 넣어 두는 것이고, 정기 적금 계좌는 정해진 기간 동안 자유롭게 돈을 넣거나 매월 정해진 금액을 넣는 거예요.

안 돼! 건드릴 수 없어!

가장 좋은 건, 용돈이나 선물로 받는 돈은 보통 예금 계좌나 저축 예금 계좌에 넣고, 오랫동안 저축할 돈은 정기 예금 계좌나 정기 적금 계좌에 넣는 거예요.

어린이 계좌를 만들기 위해서는 믿을 만한 어른이 필요해요. 나라마다 시스템이 달라요. 예를 들어 영국에서는 만 7세부터 어린이 정기 예금 계좌를 만들 수 있지만, 언제든지 돈을 꺼낼 수 있는 보통 예금 계좌는 만 11세가 되어야 만들 수 있어요(그리고 어떤 계좌는 만 16세가 되어야 만들 수 있고요.). 미국에서는 자신 이름의 보통 예금 계좌를 만들기 위해서는 만 13세가 되어야 하고, 만 18세가 되기 전까지는 법적인 보호자가 공동 예금주가 되어 줘야 해요.

(한국은 나이 제한이 없어요.)

## 알아 두어야 할 것들

- 어른의 도움을 받아서 이용할 수 있는 온라인 뱅킹 서비스와 앱이 있는가?
- 계좌 이용은 무료인가?
- 저축해야 하는 최소 금액은 얼마인가?
- 이율은 얼마인가?
- 어떤 현금 인출기를 사용할 수 있는가?
- 현금 인출 수수료가 있는가?

### 현금이 얼마나 빨리 필요한가요?

여러분에게 가장 알맞은 계좌는 저축을 하는 목적에 따라 달라져요. 후드 티나 새 자전거처럼 가까운 미래에 쓸 목적으로 저축하고 있다면, 돈을 지금 당장은 아니지만 꽤 빨리 찾아야 하겠죠. 그럴 때에는 원하는 때 언제라도 돈을 뺄 수 있는 보통 예금 계좌나 저축 예금 계좌를 사용해야 할 거예요.

나중에 여러분은 자동차나 아파트, 달 여행처럼 **커다란** 목표를 위해 돈을 모으게 되겠죠? 목표가 무엇이든, 그 돈은 이율이 나은 장기 예금 계좌나 장기 적금 계좌에 넣으면 될 거예요.

# 비상금

'비상금'이란 문제가 생길 때를 대비한 돈이에요. 사람들은 가끔 "비가 올 때와 같은 비상시를 대비해서 돈을 따로 모아 둔다."라고 말하는데, 여러분은 태풍이 올 때와 같은 '초초초비상시'를 대비하고 싶을지도 몰라요. 비상금은 만약을 위한 돈이에요. 자전거로 묘기를 부리다가 타이어가 터졌는데, 어른들이 수리비를 주지 않을 수도 있잖아요. 비상금은 그럴 때를 위한 돈이랍니다. 비상금을 챙겨 두는 건 아주 좋은 습관이에요. 미래에는 커다란 수리비나 기타 예상치 못한 비용에 맞닥뜨릴지도 모르니까요. 직장을 잃어서 한동안 저축한 돈을 쓰면서 살아야 할지도 모르죠. 비상금은 그런 시기에 여러분의 구명보트가 되어 줄 수 있어요.

### 연금

이건 **훨씬** 나중에 여러분이 일을 시작한 뒤를 위한 것이지만, 연금을 드는 건 진짜 중요한 구명보트를 준비하는 거예요. 연금은 여러분이 은퇴(나이가 많이 들어 일을 그만두는 것을 말하는 거예요.)할 때를 위해 특별히 저축하는 걸 말해요. 은퇴하고 연금을 받을 수 있는 나이는 연금에 따라 다른데, 보통 60세 이상이에요.

# 돈을 더 많이 모으기 위해 돈을 모으는 방법

저축이 좋은 일이라면, 더 많이 저축하는 건 더 좋은 일이에요. 그러니까 지출을 줄여서 더 많은 돈을 저축할 수 있을지 확인해 보세요.

**가족의 가계부**: 집안 어른들에게 가족의 가계부에 대해 이야기를 나눌 수 있는지 물어보세요. 미래를 내다볼 수 있을 거예요. 시간을 앞으로 빨리 감으면, 여러분의 예산에 넣어야 할 지출이 많다는 걸 알게 될 거예요.

이것저것 참 많네요, 그렇죠? 모든 게 시작되기 전에 미리 저축 천재가 되어 놓는 게 좋은 이유예요. 그렇게 하면 이 모든 것을 위한 돈을 미리 아껴 둘 뿐만 아니라, 재미있는 일에 쓸 돈도 남아 있을 테니까요.

**월세**
(주택이나 아파트를 임대하고 있다면)

**대출 상환금**
(주택 마련 대출 등)

**세금**
(이건 학교, 도로, 긴급 서비스 등을 위해 정부에서 걷어 가는 돈이에요. 돈을 더 많이 벌수록 더 많이 내야 하죠.)

# 최고의 저축 천재가
# 되기 위한 방법

지출을 **기록**해서 관리하세요.
눈에 보이면 아낄 수도 있어요.

에너지 효율이 높은 전구로 바꾸고,
방을 나갈 때면 언제나 불을 끄세요.

물은 꼭 필요한 만큼만 쓰세요.

많이 걸어서 교통비를 줄이세요.

식사 **계획**을 돕고 쇼핑 목록을
작성해서 충동구매를 막으세요.

집에서 **맛 실험**을 해서 브랜드 상품에서
더 저렴한 슈퍼마켓 자체 상품으로 바꿀
수 있는지 확인하세요.

금액이 큰 구매, 나들이, 휴가 등에서 돈을
아낄 수 있도록 **사전 조사**를 도우세요.

저렴하거나 **공짜**인 나들이나 여가 **아이디어**를
고안해 보세요. 산책, 공원, 박물관, 도서관, 보
드게임, 만들기, 집에서 영화 보기, 집 노래방
(도구도 필요 없어요. 라디오나 유튜브, 그리고 마
이크로 쓸 머리빗만 있으면 되죠.) 등이 있어요.

가스 요금과 전기 요금을 아낄
수 있는 방법을 알아보세요.

**요리**를 배우세요. 정말로요. 시간이 지나면 식당 음식이나 즉석 음식을
사 먹지 않음으로써 한 재산을 모을 수 있게 되거니와, 몸에도 훨씬 좋
아요. 저렴하고 빠르게 내놓을 수 있는 프로 요리사 같은 음식을 최소
일곱 가지 배워 놓으세요. 나중에 제게 감사하게 될 거예요.

### 저축: 위대한 계획

이제 저축이 좋은 일이라는 건 알 거예요. 그러면 대체 얼마를 저축해야 할까요? 간단한 답은…… 음, **가능한 한 많이** 하는 게 좋아요.

어떤 사람들은 수입의 20퍼센트 정도가 괜찮은 출발점이라고 생각해요. 하지만 결국에는 여러분에게 달렸어요.

# 저축 목표

비디오 게임, 기타, 운동화 등 특정한 물건을 사기 위해 돈을 모으고 있다면, 다음과 같은 두 가지 방법으로 접근할 수 있을 거예요.

① 특정한 날짜까지 사야 하는 물건이라면, 총 비용을 그 날짜까지 남은 주 수로 나눠서 매주 얼마를 저축해야 하는지 알아보세요(4만 원짜리 운동화를 10주 안에 사고 싶다면 40,000÷10=매주 4,000원!).

② 매주 어느 정도 저축할지 예측할 수 있다면, 총 금액을 한 주 저축액으로 나눠서 원하는 물건을 사기까지 얼마나 걸릴지 알아볼 수 있어요(4만 원짜리 운동화를 사고 싶고 일주일에 5천 원을 저축할 수 있다면 40,000÷5,000=8주!).

# 모두 여러분의 선택에 달렸어요

소비하는 데 쓰는 돈은 저축하거나 불리거나 기부할 수 없는 돈이에요. 4만 원짜리 운동화를 사고 싶다고 생각해 볼까요? 이건 장기적인 소비예요. 운동화가 너덜너덜해지거나 크기가 더는 맞지 않을 때까지 계속 신을 수 있으니까요.

4만 원이 있다면, 한 번에 만 원이 드는 영화(티켓 + 팝콘 + 음료수)를 4번 볼 수 있어요.

**아니면**

영화관에 4번 가는 걸 포기하고 4만 원으로 운동화를 살 수 있어요.

영화관에 가서 만 원을 쓰기 전에 생각해 보세요. '내가 진짜로 원하는 것은 무엇인가? 내 목표가 그 운동화를 사는 거라면, 이 영화 한 편이 만 원의 가치가 있나? 아니면 운동화를 살 수 있게 아껴 둬야 할까?' 티끌 모아 태산이랍니다.

### 저축 목표 그래프

오른쪽과 같은 그래프를 그려서 저축 목표를 달성하는 과정을 표시하세요. 어떤 모양이든 괜찮고, 돈을 모을 때마다 색칠을 하면 돼요. 눈에 잘 띄는 곳에 붙여 두세요. 갖고 싶은 것을 포기하는 것은 쉽지 않아요. 목표하고 있는 물건의 사진을 붙여서, 보일 때마다 내가 왜 돈을 모으고 있는지 떠올리는 것도 좋은 방법이에요.

# 요약

✹ 양말 서랍에 돈을 모으지 마세요. 모은 돈은 은행 계좌에 넣어야 해요. 사실 여러분이 번 돈은 전부 **은행**에 보관해야 해요. 그쪽이 안전하고, 가진 돈을 확인하기 쉽고, 이자도 받을 수 있어요. **공짜 돈** 말이죠!

✹ **복리**는 진정한 슈퍼히어로예요. 복리의 힘 덕분에 여러분의 저금은 시간이 지날수록 눈덩이처럼 불어날 수 있어요.

✹ 그렇지만 모든 슈퍼히어로는 단점이 있고, 복리 역시 예외는 아니에요. 복리는 돈을 빌릴 때도 해당된답니다. 빌린 돈이 눈덩이처럼 불어나 감당할 수 없게 되면 큰 문제에 맞닥뜨리게 돼요.

✹ 만약 미래에 감당할 없는 문제가 생긴다면, 도움을 줄 수 있는 사람들이 있어요. 그들에게 도움을 청하세요.

✹ 예금 계좌는 여러 가지 종류가 있어요. 어떤 종류의 계좌가 있는지, 그리고 그 조건은 무엇인지 확인해 보세요. 어떤 계좌에 저축할지는 얼마나 빨리 돈이 필요할지에 달려 있어요.

✹ 비상시를 대비해 돈을 따로 모아 두세요. 이게 여러분의 **비상금**이에요.

✹ 돈을 더 많이 모으기 위해 돈을 모으는 방법을 배우세요! **계획**을 세우고 따르세요.

여태까지는 돈을 저축하는 방법에 대해 이야기를 했어요.
돈을 은행 계좌에 넣고 마법의 재료 '시간'을 섞으면
우리의 슈퍼히어로 복리가 그 돈을 불려 줄 거예요.
하지만 그것 말고도 돈을 불릴 수 있는 방법이 있어요.
제대로 불리는 방법이요.

## 제 5 장
## 돈을 불리는 방법

이제 돈이 뭔지 알고, 돈을 어떻게 벌고, 어떻게 쓰고, 미래를 위해 어떻게 저축하는지 배웠어요. 저축은 중요해요. 그렇지만 여러분의 돈을 제대로 불리기 위해 할 수 있는 일이 또 있어요. 바로 **투자**예요. 투자가 뭔지 배우기 전에, 한 가지 확실하게 알아 두어야 할 게 있어요.

사람들은 보통 재산과 소득을 헷갈려 해요. 소득은 들어오는 돈이에요. 그렇지만 우리를 부자로 만들어 주는 건 소득이 아니에요. 잘 생각해 보면, 우리를 부자로 만들어 주는 건 소득으로 무엇을 하느냐예요. **재산**은 여러분의 모든 저금과 자산(주식, 부동산, 고가의 미술품 등)을 합친 것에서, 빌린 돈을 뺀 금액이에요. 왜냐하면 빌린 돈은 언젠가 되갚아야 하고, 진정한 여러분의 돈이 아니니까요.

자, 재미있는 건 여기에서부터예요. 예산을 세우고 저축하고 투자해서 소득을 똑똑하게 다루면(여러분은 그렇게 할 수 있어요.), 시간이 지날수록 큰 재산을 모을 수 있어요. 그리고 여러분이 투자한 자산도 돈을 불러오죠.

## 자, 이제 한 걸음 물러나서 상상해 보세요.

이 장을 읽을 때는, 여러분이 100만 원을 가지고 있다고 생각해 보세요. 여러분이 너무너무 특별한 사람이어서 **100만 원 상금**을 탔다고 쳐요. **축하해요!** 단 한 가지 조건은 그걸 어딘가에 투자해야 한다는 거예요. 투자라는 건 간단히 말해 그 돈을 불릴 수 있는 곳에다 넣어 둔다는 거예요. 그러니까 가서 쇼핑할 생각은 하지 말아요! 투자를 하는 방법은 다양해요. 이 장을 읽으면서, 어느 것을 선택할지 잘 생각해 보길 바라요. 돈을 한 곳에다가 전부 넣을 필요는 없어요. 곧 배우겠지만, 사실 돈을 한 곳에 넣으면 안 돼요!

예를 들어, 주식에 **투자**할 수 있을 거예요. 알아요. 말만 들어도 지루하죠? 그렇지만 절 믿으세요. 실제로는 아주 재미있는 주제이니까요! 어째서 주식이 지루하지 않은지(그리고 대체 주식이 뭔지) 알기 위해서는 일단 다음 이야기를 읽어 보세요.

## 초콜릿 이야기

돈은 선택의 문제라고 말한 거, 기억나나요? 자, 여기에 한 가지 선택의 문제가 있어요. 여러분에게 돈이 좀 있고, 초콜릿을 좋아한다고 생각해 봐요. 그럼 여러분은 초콜릿을 사거나, 초콜릿 공장에 **투자**할 수 있어요.

초콜릿을 사면, 상당히 빨리 먹어 치우겠죠? 아니면 특별한 날을 위해 아껴 두거나 누군가에게 줄 수도 있을 거예요(감동적이네요!). 하지만 초콜릿은 먹으면 그걸로 끝이에요. 초콜릿을 사는 데 쓴 돈도 마찬가지고요. 결론적으로 언젠가 돈도 없고 초콜릿도 없어지는 거죠.

그렇지만 초콜릿 공장의 일부(이걸 '주식'이라고 불러요.)에 투자하면 여러분의 돈은 사라지지만 여러분은 이제 초콜릿 공장의 자랑스러운 주주예요. **와우!**

시간이 지나고 초콜릿 공장이 잘 굴러가면, 돈을 더 벌겠죠? 그리고 돈을 정말 잘 벌어서 버는 돈이 초콜릿 공장을 유지하는 비용보다 많다면, 그걸 **'수익**을 냈다'라고 표현해요.

초콜릿 공장은 수익의 일부를 주식을 가진 모든 사람들, 즉 **주주**들에게 나눠 줘요. 네, 여러분 같은 사람들 말이에요! 이렇게 받을 수 있는 수익의 일부를 '**배당금**'이라고 해요. 주식 하나마다 일정한 배당금이 주어지니까, 주식을 더 많이 가지고 있을수록 돈을 더 많이 받을 수 있어요. 그러면 그 돈을 가지고 더 많은 초콜릿이나 더 많은 주식을 살 수 있어요! 아니면 다른 곳에 쓰거나, 저축하거나, 기부할 수 있어요.

여러분의 금융 슈퍼히어로 복리를 잊지 마세요. 저축 눈덩이는 크면 클수록 더 빨리 불어나요. 그러니까 버는 돈을 더 저축하면, 저금도 커지고 거기에 붙는 이자도 커져요!

축하합니다~~~!

그뿐만이 아니에요. 초콜릿 공장이 정말정말 잘되면, 많은 사람들이 거기에 투자하고 싶어 할 거예요. 다들 초콜릿 공장 주식을 사고 싶어 하겠지만, 주식의 양이 정해져 있으니까 각 주식의 가치가 올라가요. 여러분의 주식까지 포함해서요! 그 주식을 판다면, 샀을 때보다 비싼 값에 팔 수 있어요!

# 심봤다!

## 자, 지금부터 할 말을 주의 깊게 들으세요.

안타깝게도, 투자란 항상 그렇게 쉽지만은 않아요.

올라가는 건 내려가기도 해요. 초콜릿 공장이 잘 안되면 어떻게 될까요? 그렇다면, 상황은 아까 설명한 것과는 확연히 달라 보일 거예요.

## 우울한 나날

초콜릿 공장이 어려움을 겪는 데는 여러 가지 이유가 있을 수 있어요. 어쩌면 사람들이 초콜릿을 싫어하게 되어서 판매량이 떨어질지도 몰라요. 충분히 일어날 수 있는 일이에요! 어쩌면 치아 건강이 걱정된 걸지도 모르죠. 어쩌면 공장이 비밀 레시피를 잃어버린 걸 수도 있고요! 누군가가 레시피를 훔쳐 갔을지도 모르고요. **헉!**

아니면 비용이 높아져서 이제 공장을 운영하는 게 아주 비싸졌는지도 몰라요. **수입 - 지출 = 수익**. 기억나죠? **수익**의 반대는 **손실**이라고 해요. 회사가 손실을 입고 있다면, 여러분 같은 주주들에게는 나쁜 소식이에요. 배당금을 받을 생각은 접는 게 좋아요.

그러면 여러분의 주식의 가치는요? 사람들이 너도나도 주식을 팔아 치우려고 하는 통에 당연히 주식의 가치는 내려가죠. 일반적으로, 모두

가 원하는 것은 가치가 올라가고 아무도 원치 않는 것은 가치가 내려가요. 그게 무슨 의미이냐면……

……**여러분에게 큰 문제가 닥쳤다는 거예요.**

결정의 순간이 왔어요. 주식을 손에 꼭 쥐고 있을까요, 아니면 팔아 버릴까요?

가장 좋은 결정은, 여러분이 초콜릿 공장이 어떻게 될 거라고 생각하는지에 달려 있어요.

앞으로 문제가 더 심각해질까요? 그러면 주식을 팔고 **바람처럼** 튀어 버리는 게 좋을 거예요.

하지만 잠깐 스쳐 지나가는 문제라면? 사업이 다시 정상 궤도에 오르리라 생각한다면, 그 주식을 꼭 붙들고 있어야 할지도 몰라요. 어쩌면 주가가 떨어졌을 때를 노려 주식을 더 살 수도 있고요!

여러분이 취할 행동은 다음 세 가지에 요소에 달려 있어요.
- 그 돈이 지금 당장 필요한가? (정말 필요하다면, 지금이 팔아야 할 순간일지도 몰라요!)
- 그 돈 없이 얼마나 오래 버틸 수 있는가? (답이 '아주 오래'라면, 기다릴 수도 있죠. 탄탄한 초콜릿 공장이라면, 언젠가는 나아질 테니까요.)
- 얼마만큼의 **위험 부담**을 질 수 있는가?

## 흔들흔들 젤리

 투자는 거대하고 흔들거리는 젤리 위에 서 있는 것과 비슷해요. 어떤 젤리는 다른 젤리보다 흔들거리고, 이건 투자도 마찬가지예요. **모든 투자는 위험하고, 어떤 투자는 더욱더 위험하죠.** 그래서 잃어도 되는 돈만 투자해야 해요. 필요한 것을 살 돈을 투자하면 안 돼요. 비상금도 투자하면 안 되고요. 그렇지 않으면 흔들거리는 젤리 위에서 떨어지는 수가 있어요! **쾅당!**

 물론 아무런 대가 없이 젤리 위에 서 있을 생각을 하는 사람은 없겠죠? 위험 부담을 지는 대신에, 대가를 받을 가능성이 있어요. 만약 초콜릿 공장이 잘된다면, 그리고 여러분이 주식을 손에 쥐고 있다면, 배당금으로 수익을 올릴 수 있어요

(회사가 배당금을 준다면요.). 아니면 차익을 얻을 수도 있어요(샀을 때보다 비싼 값에 주식을 판다면요.). '~한다면'이 상당히 많죠?

## 꿀팁!
## 하나에 모든 것을 걸지 마세요

가능하다면, 여러 개에 투자하세요. 이상적으로, 몇 개가 잘 안되더라도 다른 것들이 잘될 수 있는 구조로 투자를 해야 해요. 예를 들어, 가지고 있는 100만 원 중 일부는 초콜릿 공장에, 일부는 치약 공장이나 치과에 투자할 수 있을 거예요! 이런 방식으로 위험 부담을 줄이는 것을 '**분산투자**'라고 해요.

흔들거리는 젤리 위에 서 있는 게 괜찮다면, 100만 원의 상금을 온갖 기업에 투자할 수 있을 거예요. 음식, 패션, 음악, 스포츠 팀, 에너지, 기술, 의료, 어쩌고저쩌고…… 무엇이든 말이에요. 그런데 투자를 하려면 어디로 가야 할까요? 자전거를 사고 싶다면 자전거 가게에 가겠죠? 주식을 사고 싶다면, 증권 거래소라는 곳을 찾아가야 해요.

# 주식 시장, 거품, 투자의 달인!

'주식 시장'이란 주식을 사고팔 수 있는 특별한 시장이에요. 주식은 **증권 거래소**라는 곳에서 거래돼요. 세상에는 60개의 대형 증권 거래소가 있어요. 미국에 있는 것 중 가장 중요한 증권 거래소로는 뉴욕 증권거래소(NYSE), 나스닥, 아메리카 증권거래소가 있어요. 영국의 런던 증권거래소(LSE)는 세상에서 가장 오래된 증권 거래소 중 하나예요. 런던 증권거래소가 생겨나기 전에 사람들은 런던 곳곳의 커피숍에서 주식을 사고팔았다고 해요!

대부분의 주주들의 목적은 주식을 사서 어느 정도 쥐고 있다가 더 비싼 값에 파는 거예요. 하지만 주가는 언제나 오르내리기 때문에 주식 투자는 위험한 일이죠. 어떨 때는 특정한 것이 엄청나게 인기를 끌어서 많은 사람들이 사고 싶어 하고, 그러다 보니 곧 모두가 사고 싶어 하게 되기도 해요('나만 기회를 놓칠까 봐 두려운 마음', 기억나세요?). 주식의 양에는 한계가 있기 때문에, 이럴 경우 주식의 가격이 올라가죠.

이런 일이 1600년대 암스테르담에서 튤립을 가지고 일어났어요. 어떤 시점에는 귀한 튤립 구근 하나의 값으로 암스테르담에 집을 살 수 있었대요. 그렇지만 이건 거품이었어요. 곧 거품이 빠졌고 튤립 가격은 폭락했죠. 2000년에는 **닷컴 버블**('버블'은 '거품'이라는 뜻이에요.)이라는 비슷한 사태가 있었어요. 1990년대 말에 사람들은 인터넷 회사 주식을 사느라 정신이 없었어요. 인터넷은 너무 멋지고, 신기하고, 그래서 많은 사람들이 주식을 사고, 많은 사람들이 주식을 사니까 모두가 주식을 사고 싶어 하고…… **그리고**…… 무슨 일이 벌어졌는지 알겠죠? 맞아요. 거품이 빠지고 주식 시장이 **폭락했죠**. 이게 투자를 할 때 똑똑하게 해야 하는 이유예요. 자, 그럼 투자자 중에서도 제일 똑똑한 투자자에게 한 수 배워 볼까요?

## 워런 버핏 – 투자의 달인

어디에다 투자를 해야 할지 아직도 모르겠다고요? 억만장자 워런 버핏을 소개합니다. 버핏은 어릴 때 집집마다 돌아다니며 껌과 잡지를 팔고 신문 배달을 해서 돈을 벌었다고 해요. 11세에 첫 주식을 샀지만, 버핏의 재산 중 99퍼센트는 50세가 지난 뒤에 벌어들인 거예요. 참고로, 그의 재산은 어마어마해요. 2019년 버핏의 총 재산은 870억 달러(약 104조 원)에 달했어요. 말했죠? 재산이 어마어마하다고요.

버핏은 어떻게 그런 부자가 되었을까요? 긴 시간에 걸쳐서, 버핏은 정말로 믿을 만한 기업들에 돈을 투자했어요. 겉만 번지르르하고 알맹이는 없는 회사 말고, 든든한 사업 계획을 갖춘 기업들에요. 그리고 우리의 금융 슈퍼히어로 **복리**에 의지해서 저금과 투자액을 눈덩이처럼 불려나갔죠.

## 투자처에 대한 지식을 쌓으세요

고대 그리스에는 '델포이의 사제'라는 유명한 사제들이 있었는데, 사람들은 그들이 세상 모든 문제의 답을 알고 있다고 믿었대요. 사람들은 워런 버핏을 그들에 빗대어 '오마하의 사제'라고 불러요. 미국 네브래스카주의 오마하에 살고, 사람들이 그의 투자법에 많은 관심을 가지고 배우기 때문이에요. 그는 자신의 투자처에 대해 잘 알고, 여러분에게도 여러분의 투자처에 대한 지식을 쌓을 것을 권해요.

버핏은 가치 투자를 추천해요. '**가치 투자**'란, 주식의 현재 **가격**만을 보는 것이 아니라 그 사업의 **가치**('실제' 얼마나 큰 가치가 있는지)를 봐야 한다는 거예요. 즉 해당 사업을 이해해야 한다는 거죠. 그러지 않으면 기업이 실제로 얼마나 잘 돌아가고 있는지, 아니면 문제가 있는지 어떻게 알겠어요? 가치 투자자는 탐정 같아요. 이리저리 돌아다니며 **과소평가**된 주식을 찾는 거예요. 가치 투자자는, 현재는 아무도 그 주식을 원하지 않아서 가격이 낮을지 몰라도, 사업이 좋다면 언젠가 가격이 오를 거라는 걸 안답니다!

가치 탐정이 되고 싶나요? 100만 원을 손에 꼭 쥐세요. 이제 자료 조사를 해야 하고, 어디에서 조사를 해야 할지를 알아야 해요.

★ **기업 웹 사이트**: 현재 기업이 어떻게 돌아가고 있는지, 앞으로 어떤 계획을 가지고 있는지 알아보세요.

★ **주식 웹 사이트**: 인터넷에서 주식 이름을 검색해서 가격이 어떻게 변해 왔는지 확인해 보세요. 그리고 주식 전문 웹 사이트에서 해당 주식에 대해 전문가가 쓴 기사를 찾아 읽어 보세요.

★ **뉴스**: 세상에서 일어나고 있는 일이 주식에 어떻게 영향을 미칠지 알아보세요.

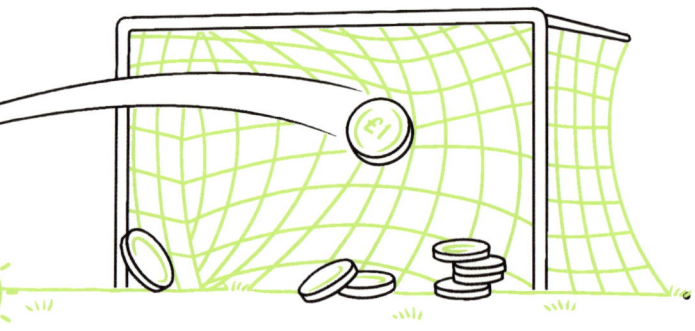

### 하지만 조심!

과거에 잘나갔던 주식이라 해서 미래에도 잘나가리라는 보장은 없어요. 우승 축구 팀을 지지해 본 팬이라면 누구나 아는 일이죠. 과거에는 큰 경기에서 이겼지만, 지금은 그냥저냥이거나 끔찍한 패배를 겪고 있을지도 몰라요. 그래도 괜찮아요. 좋은 팀이라면, 언젠가는 괜찮아질 거라는 걸 아니까요.

### 모의 주식 투자!

실제로 주식 투자를 하는 건 아직은 여러분에게는 조금 먼 이야기일지도 모르지만, 모의 투자라면 언제든 해 볼 수 있답니다. 여러분이 정말 좋아하는 기업을 하나 고르세요. 뭐든 괜찮아요. 그 기업에 대해 할 수 있는 한 많은 조사를 하세요. 증권 거래소에 올라와 있는 기업이라면, 인터넷에서 그 주식의 가격이 어떻게 변해 왔는지 찾아볼 수 있어요. 가상의 돈을 거기에 투자하세요. 그리고 앞으로 몇 달간, 아니면 일 년, 그것도 아니면 몇 년간 가격이 어떻게 변하는지 지켜보세요. 몇몇 기업을 대상으로 이렇게 해 보세요. 판타지 축구 게임이랑 비슷해요. 다만 기업을 대상으로 한다는 점이 다르죠. 뉴스를 주시하세요. 투자자처럼 생각하는 데 익숙해지세요. 친구들 몇몇과 함께 하면서 누가 더 수익을 많이 올릴 수 있는지 보세요!

# 지루한 이름들

주식 투자, 어때요? 100만 원, 여전히 가지고 있나요? 아직 게임은 끝나지 않았어요. 주식 말고도 다른 선택지가 있답니다! 그렇지만 여기에 대해 알아 나가려면, '세상에서 제일 지루한 이름 대회'에서 1등을 꿰찰 만한 단어들을 배워야 해요.

## 펀드

주식이 괜찮은 아이디어 같다면, 여러분의 100만 원 상금을 개별 주식들에 투자할 수도 있지만 펀드에 투자할 수도 있어요. 펀드 운용자들은 여러분을 대신해서 여러 가지 다양한 곳에 투자를 해 줘요. **펀드**라는 이름이 재미있지는 않지만, 어쨌든 가장 좋은 투자 상품을 찾기 위해 귀를 쫑긋대고 있답니다. 하지만 펀드도 확실하진 않아요! 펀드가 확실하다면 다들 펀드를 하고 있겠죠?

우리의 친구 워런 버핏은 **인덱스 펀드**의 열성 팬이에요. 기본적으로 인덱스 펀드는 하나로 묶은 여러 기업의 가치와 실적을 판단합니다. 기업들이 여러 가지 아이스크림 맛이라면, '인덱스'는 최고의 맛을 모아 놓은 선데이 아이스크림이에요! 예를 들어 S&P 500은 미국의 500개 대기업의 인덱스예요. 인덱스 펀드는 이 기업들의 인덱스를 따라가기 때문에, 이 펀드에 투자하는 건 이 모든 기업에 투자하는 것과 마찬가지예요. 분산 투자를 함과 동시에, 해당 기업들에 각각 따로 투자하는 것보다 훨씬 저렴하죠.

## 예금 증서

주식보다 더 지루한 게 있을 수 있다니, 놀랍죠? 예금 증서란 정기 예금 계좌 같아서, 돈을 넣어 두고 거기에서 비롯된 이자를 벌어요. 하지만 그 돈은 일정 기간 동안 건드릴 수 없어요(대체로 6개월에서 5년까지). 건드리면 **큰** 벌금을 물게 돼요! 그러니까 비상금을 넣을 만한 곳은 아니지만, 한동안 필요하지 않을 돈을 넣어 두기엔 좋아요. 예금 증서의 이율은 일반 예금 계좌의 이율보다 높고, 예금 증서는 주식이나 채권보다 안전하다고 여겨져요. 거의 항상 돈을 돌려받을 수 있거든요.

잠깐, 채권이라고? 그게 뭔지 궁금한가요? 어디 한번 봅시다.

## 채권

역시나 지루한 이름이지만, 최소한 짧기라도 하네요! 개념 자체도 쉬워요. 채권에 투자하는 건 정부나 초콜릿 공장 같은 기업에 돈을 빌려주는 것과 같아요. 이들이 여러분의 현금(그리고 여러분 같은 많은 투자자들의 현금)을 빌려 가고, 나중에 이자와 함께 도로 갚겠다고 약속하는 거예요. 맞아요, 100만 원으로 초콜릿 공장을 도와주는 대단한 일을 하는 거죠. 채권 역시 정기 예금 계좌처럼 특정한 날짜까지 돈을 건드릴 수 없어요. 다른 점은 이율이 비교적 높다는 것, 그리고 **위험 부담**에 대해 생각해야 한다는 거예요. 여러분이 서 있는 젤리가 얼마나 흔들흔들거리는지 생각해 봐야 한다는 거죠!

흔들 흔들 흔들 흔들

위험 부담을 파악하는 데 도움을 받을 수 있는 곳이 있어요. '신용 평가 기관'이라는 곳에서는 기업 채권과 정부 채권을 얼마나 신뢰할 수 있을지 평가한답니다. 신뢰도가 낮을수록 투자의 위험 부담도 커지지만(젤리가 많이 흔들거리는 거죠!), 여러분이 받을 수 있는 **이자**도 높아져요.

# 경고!

### 복잡한 것을 주의하세요!

신용 평가 기관들은 종종 실수를 해요. 2008년 세계 금융 위기 때 신용 평가 기관들이 어떤 채권에 좋은 평가를 내렸는데, 실제로는 엄청 부실한 투자처였던 적이 있어요! 은행이 발행한 채권이 어찌나 복잡한지, 신용 평가 기관마저도 자신들이 대체 뭘 보고 있는지 알지 못했대요! 얼핏 보기에는 괜찮아서, 빨간 '경고!' 스티커를 붙여야 할 곳에다가 '참 잘했어요' 도장을 찍어버린 거죠.

투자 품목이 지나치게 복잡해서 이해하기 힘들고 아무도 여러분에게 설명해 줄 수 없을 정도라면, 피해 가는 게 좋을지도 몰라요.

## P2P 대출

이건 기본적으로 인터넷에서 사람들이 다른 사람들에게 돈을 빌려주는 걸 말해요. 은행을 배제하고 개인들과 작은 기업들이 쉽고 저렴하게 돈을 빌릴 수 있게 해 주는 시스템이에요(왜 은행보다 저렴하냐면, 은행은 거액의 운영비를 부담해야 하지만, P2P 대출을 해 주는 사람들은 그렇지 않기 때문이에요.). 그러니까 은행처럼 이자를 받아서 돈을 벌 수 있는 거예요. 하지만 위험 부담이 있긴 해요. 대출받는 사람들의 신용은 플랫폼에서 확인하지만, 돈을 갚을 수 없는 사탕 괴물에게 걸려서 빌려준 돈을 모두 잃을 수도 있어요!

## 크라우드 펀딩

또 하나 지루한 이름처럼 들리겠지만, **크라우드 펀딩**은 사실 상당히 흥미로운 시스템이에요. 크라우드 펀딩 역시 개인들과 기업들이 은행을 건너뛰고 인터넷으로 돈을 모금할 수 있게 해 줘요. 어떤 플랫폼들은 여러분의 현금에 대한 보답으로 작은 기업의 주식을 살 수 있게 해 주기도 해요. 비교적 저렴한 가격에 갓 만들어진 상품을 '특전'으로 받을 수 있게 해 주기도 하고요. 특전은 돈을 불려 주지는 않기 때문에, 기분 좋게 사업을 지원하는 유형의 투자라고 생각해야 해요(하지만 그것도 중요해요. 그러니까 여러분의 100만 원의 일부를 여기에 투자하고 싶다면, 그렇게 하는 것도 괜찮아요!)

## 그리고 또 재미있는 것들이 있어요.

골동품이나,

예술품이나,

부동산이나,

금 같은 상품들요.

여러분의 100만 원을 이런 데 투자해 보면 어떨까요? 시간이 지나면 상당히 가치가 커질 수도 있어요. 예술품을 예로 들어 볼게요. 반 고흐는 살면서 그림을 딱 한 점밖에 팔지 못했고, 그마저도 싼값에 팔았다고 해요. 오늘날 그의 그림은 수백만 달러의 가치를 지니고 있어요!

하지만 이 분야에는 운이 따라야 해요. 어떤 사람들은 집안의 가보 중에서 보물을 발견하기도 하지만, 그런 것을 기대하면 곤란해요! 물론 여러분이 미래의 뱅크시나 반 고흐를 발굴할 지도 몰라요. 하지만 그렇지 않을 경우를 대비해, 언제나 투자처를 **분산**하세요. 투자할 물건은 직접 살 수도 있고, 여러분을 대신해서 투자해 주는 펀드를 살 수도 있어요. 펀드 쪽이 더 쉽고, 훨씬 저렴한 경우가 많아요.

## 암호 화폐

제1장에서 암호 화폐에 대해 이야기했던 것 기억나나요? 현재 유통되고 있는 암호 화폐는 비트코인 외에도 2,000여 개가 넘어요.

2010년 플로리다에서 라슬로 하네치는 1만 개의 비트코인을 사용해서 파파존스 피자 두 판을 샀다고 해요. 당시에 1만 개의 비트코인의 가치는 약 40달러였어요. 5년 뒤, 1만 개의 비트코인의 가치는 240만 달러 이상이었고, 2019년에는 **8,000만 달러**에 달했죠. 정말 비싼 피자 아닌가요? 라슬로 하네치는 그 비트코인을 모아 뒀어야 해요!

## 경고!

앞에서 워런 버핏에 대해 많이 이야기했으니 그가 비트코인 같은 암호 화폐를 그리 좋아하지 않는다는 것도 말해야 할 것 같군요! 해당 기업과 그 성과를 조사해서 진정한 가치를 알아낼 수 있는 주식과는 달리, 비트코인 자체는 아무런 가치도 없기 때문이라고 해요. 사람들이 비트코인을 사들이면 그 값이 계속 올라가지만, 실제로 거기에 얼마나 가치가 있는지는 알 수 없어요. 사람들이 비트코인을 팔고 팔고 또 팔면, 값은 도로 떨어질 테니까요. 뭐, 그건 워런 버핏의 생각이에요. 다른 사람들은 그런 생각에 동의하지 않고, 암호 화폐가 아주 흥미로운 미래의 물건이라고 생각해요! 그러니까 비트코인의 미래는 여러분이 직접 점쳐야 할 거예요. 아무도 정확히 모르거든요. 도움이 안 된다고요? 미안해요.

## 그래서, 어떤 결정을 내렸나요?

 마음에 드는 투자처가 있나요? 다른 것들보다 흥미롭게 들리는 것들이 있던가요? 여러분의 100만 원 대부분을 한 곳에 넣기로 했나요, 아니면 분산 투자를 하기로 했나요? 분산 투자를 하기로 한 경우, 돈을 공평하게 나누기로 했나요, 아니면 한쪽에 많이 넣고 여기저기에 조금씩 넣기로 했나요? 무엇을 택했든, 여러분은 **투자 전략**을 개발한 거예요!

 지금까지 가상의 돈을 굴려 봤지만, 언젠가는 여러분도 돈이 많이 생겨서 어디에 얼마나 투자할지 결정할 수 있을 거예요. 진짜 돈으로 진짜 투자 전략을 개발할 수 있는 거예요! 상상해 보세요!

# 요약

★ 가진 돈을 **투자**하는 것은 단순히 저축하는 것보다 더 큰 수익을 낼 수 있어요.

★ 투자하는 방법은 여러 가지예요. 예를 들어 주식, 채권, 예금 증서, 미술품, 부동산, 암호 화폐 등이 있어요.

★ 주식을 사는 건 그 기업의 일부를 사는 거예요. 그 기업이 잘되면 주주에게 **배당금**을 지급해서 주주와 수익을 나누기도 해요.

★ 기업이 잘되면 모두가 그 기업의 일부를 사고 싶어 하고 주식의 가격은 계속 오르죠. 그러면 여러분이 투자한 주식의 가치가 올라가고 주식을 팔면 돈을 더 받을 수 있어요.

★ 기업이 잘 안되면, 주식의 가격은 떨어져요. 여러분이 투자한 주식의 가치도 마찬가지예요.

★ 억만장자 워런 버핏은 투자할 때 **기업의 가치**를 봐야 한다고 해요. 좋은 기업에 투자하세요!

★ **투자처에 대한 지식**을 쌓으세요. 자신이 하는 일에 대한 지식을 쌓아야 한다는 건 모든 일에 해당돼요. 이해하기 지나치게 힘든 투자처가 있다면, 피해 가는 게 나을 거예요!

★ 투자처들은 대부분 가치가 올라갈 수도 있고 내려갈 수도 있어요. 그러니까 기억하세요. **분산 투자!** 많이많이 분산하기!

좋아요. 돈을 벌고, 쓰고, 저축하고,
불리는 방법에 대해 이야기했어요.
이제 좋은 일에 대해 이야기를 할 때예요.
바로 돈을 기부하는 방법 말이죠.

# 제 6 장
# 돈을 기부하는 방법

좋아요. 벌써 여기까지 왔군요. 여러분은 이제 돈을 벌 준비가 됐고, 예산에 맞춰서 지혜롭게 쓰고, 저축하고 불리기 위해서 돈을 따로 떼어 놓는 방법도 알아요. 우리가 목표로 삼아야 하는 것은 단지 좋은 소득이 아니라 재산이라는 것도 알겠죠? 재산이 많을수록, 더 많이 기부할 수 있어요.

## 왜 기부해야 할까요?

기부하는 건 좋은 일이기 때문이에요. 그리고 여러분은 좋은 사람이니까요, 안 그래요? 그리고 이 책을 읽고 있는 여러분은 세상 대부분의 사람들보다 운이 좋은 사람이에요. 세상에는 불공평하고 부당한 일이 참 많아요. 많은 사람들이 음식이나 교육이나 의약품같이 기본적인 것조차 누리지 못하고 있어요. 어떤 사람들은 집이라고 할 만한 안전한 곳조차 없답니다. 심지어 우리 지구도 힘들어하고 있어요. 생태계가 큰 곤란을 겪고 있죠. 이런 문제들은 크고 끔찍해 보이지만, 앞으로 나아갈 수 있는 방법이 있어요. 세상을 더 나은 곳으로 만들기 위해 한 걸음 한 걸음 노력하는 단체들이 많고, 우리도 그들을 돕기 위해 할 수 있는 일이 있어요. 그건 바로 **기부**예요.

기부는 좋은 일일 뿐만 아니라, 기분도 좋게 만들어 줘요. 기분 때문에 기부를 하라는 건 아니지만, 괜찮은 덤이죠? 기부를 할 때면, 우리 몸은 엔도르핀이라는 행복 호르몬을 분비해요. 내가 어떤 행동을 통해 긍정적인 변화를 불러일으키고 있다는, 따뜻하고 포근한 기분 말이에요. 인간은 사회적 동물이에요. 우리는 다른 사람을 돌보고 돕는 것을 원하도록 만들어졌어요. 정말 사랑스러운 생명체가 아닌가요? 음, 어쨌든 가끔은 그래요.

# 기부하기

## 어떤 분야를 지원해야 할까요?

글쎄요. 그건 여러분에게 달려 있어요. 여러분은 어떤 신념을 가지고 있나요? 신경이 쓰이는 일은 무엇인가요? 세상이 잘못되었다고 느끼는 부분이 있나요? 무엇이 여러분을 화나게 하나요? 무엇이 심장이 아플 정도로 여러분을 슬프게 만드나요? 그건 어쩌면 지나가다 언뜻 들은 이야기가 가슴에 남은 걸지도 몰라요. 어느 쪽이든, 세상에는 좋은 일을 하는 수십만 개의 자선 단체가 있고, 그들은 굉장히 많은 분야의 일을 한답니다.

여러분에게 의미 있는 분야를 찾았으면, 그 분야에서 누가 어떤 일을 하고 있는지 알아보세요. 그리고 다음 질문에 답해 보세요. 지역 자선 단체를 돕고 싶나요? 만약 그렇다면, 어느 지역의 자선 단체를 돕고 싶나요? 우리나라의 자선 단체인가요? 아니면 완전히 다른 나라의 자선 단체인가요? 아니면 **거대한** 전 세계적인 문제를 해결하는 데 기여하고 싶은가요? 정답은 없어요. 여러분의 돈이니, 여러분 마음 가는 대로 하면 돼요!

## 구체적으로 어느 자선 단체를 지원해야 할까요?

탐정처럼 조사해 보세요. 자선 단체 웹 사이트들을 돌아보며 그들이 최근에 어떤 활동을 했는지, 앞으로 어떤 활동을 할 건지 확인하세요. 그들이 누구인지, 어떤 목표를 가지고 어떤 활동을 하는지 알려 주는 영상을 찾아보세요. 평가나 후기 글을 찾아보세요. 사람들이 그 자선 단체에 대해, 그 자선 단체와 관련된 경험에 대해 이야기하는 곳을 찾아가서 알아보세요. 그 자선 단체의 활동에 관한 신문 기사도 찾아볼 수 있을 거예요.

## 나 자신에게 물어볼 질문들

해당 단체에서는 자신들이 무엇을 원하는지, 그리고 어떤 일을 하는지 아주 단순한 단어를 사용해서 쉽게 설명할 수 있나요?

아주아주 단순하고 쉽게요. 말은 많은데 정확히 무슨 소리인지 이해할 수 없다면, 그 단체에는 기부하지 않는 게 좋아요! 이건 모든 투자에 해당되는 이야기이며, 기부도 여러분이 사는 세상에 투자하는 것이니까요.

합법적인 자선 단체인가요?

안타깝게도, 이건 꼭 물어야 하는 질문이에요. 어떤 단체들은 사기나 다름없거든요. 끔찍하죠? 그럴듯하게 말은 하지만 실제 활동은 아무것도 하지 않는 거예요. 또는 활동은 하고 있지만 수준 미달이거나요. 이런 단체들을 찾아내고, 피하세요!

그 단체의 목표는 무엇이고, 어떻게 목표를 향해 나아가고 있나요?

제대로 된 계획을 가지고 있는 단체를 지원해야 해요. 단계별로 차근차근 계획을 세우고 그것을 이루어 나가고 있는 단체를요. 자신들의 성과를 어떻게 평가하고 있나요? 단체에서 연구를 제대로 하고 자신들의 목표를 잘 이루어 나가고 있는지 알아봐야 해요.

여러분의 돈은 무엇을 할 수 있나요?

어떤 단체들에서는 각 기부액이 어떤 일을 할 수 있는지 알려 주기도 한답니다.

월 5천 원으로는 난민 한 명에게 따뜻한 온열 담요를 줄 수 있습니다.

2만 원으로는 50명의 난민 어린이들이 공부를 계속할 수 있도록 교과서를 제공할 수 있습니다.

다른 모든 일들처럼, 많은 돈을 기부할 생각이라면 그만큼 많은 조사를 해야 해요.

## 몇 개의 단체를 지원해야 할까요?

여러분의 돈이 값지게 활용되기를 바란다면, 지원 단체는 최대 5개까지로 제한하는 게 좋을 거예요. 기부액을 지나치게 잘게 쪼개는 건 안 좋으니까요. 수중에 5만 원이 있다면, 5만 원 전액을 한 단체에 기부하거나 5,000개의 단체에 10원씩을 줄 수 있을 거예요. 두 번째의 경우 더 많은 단체를 지원하기는 하지만, 10원을 가지고 할 수 있는 일은 많지 않죠. 물론 10원도 모이면 큰돈이 되지만, 5만 원을 기부할 생각이고 중요하게 생각하는 사안이 있다면 가능한 한 많은 금액을 한 곳에 기부하는 게 좋아요!

## 기부하는 방법

여러분은 어쩌면 어떤 사안에 일회성으로 기부할 생각일지도 몰라요. **아니면** 저축할 돈을 미리 떼어 놓는 것처럼 매달, 또는 매년 일정한 액수를 기부할 수도 있죠. 어쩌면 아예 번 돈의 일정 퍼센트를 기부하기로 결심할 수도 있고요.

**가능하다면, 기부를 습관으로 만드세요.
할 수 있어요. 기부 근육을 길러 봐요!**

여러분이 정말로 신경 쓰는 사안이라면 주기적으로 기부하는 것이 효과적이에요. 거기에 더해서, 긴급 재난 모금 같은 일이 생길 때를 대비해서 일정 금액을 따로 모아 두는 것도 생각해 볼 수 있어요. 약간 변형된 비상금이라고 생각하세요. 여러분이 문제에 부딪혔을 때를 위한 비상금이 아니라, 다른 사람을 돕기 위한 비상금이라고요.

## 얼마나 기부할까요?

워런 버핏은 재산의 99퍼센트를 기부하겠다고 말했어요. **어마어마한 돈**이에요. 2010년에 버핏과 그의 억만장자 친구들 빌과 멀린다 게이츠는 다른 억만장자들이 재산의 반 이상을 자선 사업에 기부하도록 장려하는 '기부 약속'을 시작했어요. 현재까지 전 세계의 200명 이상의 억만장자들이 그러기로 약속했답니다. 굉장하죠?!

그들이 기부하는 건 **아주 큰돈**이지만, 기부액이 꼭 큰돈일 필요는 없어요. 기부하는 돈이 비록 10원이더라도 여러분이 소비하거나 저축하거나 투자하지 않고 기부하기로 결정한 10원이니까요. 다른 사람에게 그 돈을 주겠다고 결정하는 것, 그것만으로도 여러분은 후한 사람이에요. 아무도 그 사실을 여러분에게서 빼앗을 수 없어요. 내게 편안하게 느껴지는 지점에서 시작하세요. 지나치게 적은 액수 같은 건 없어요. 그리고 어쩌면 언젠가 여러분도 거액을 기부하게 될 수도 있어요!

# 거액 기부 명예의 전당

### 앤드루 카네기

스코틀랜드에서 태어난 카네기는 1901년에 철강 회사를 팔고 세상에서 손꼽히는 부자가 되었답니다! 그는 이 재산을 2,500개 이상의 공공 도서관 등을 짓는 등 많은 일을 하는 데 사용했어요. 1919년에 사망할 무렵 카네기는 재산의 **90퍼센트**를 기부한 상태였어요(오늘날 돈으로 수십억 달러(수조 원)에 달해요!).

### J. K. 롤링

여러분은 롤링이 그 유명한 「해리 포터」 시리즈의 작가라는 걸 알고 있겠지만, 큰 기부자인 건 몰랐을 거예요. 롤링은 의료 연구와 한 부모 가정을 지원하기 위해 수백만 달러(수십억 원)를 기부했어요. 롤링의 자선 단체 루모스(Lumos)는 전 세계 고아원에 있는 아이들이 가족을 찾을 수 있게 도와줘요(「해리 포터」 팬이라면 '루모스'가 어두운 곳에서 빛을 불러오는 마법 주문에서 따온 이름이라는 걸 알 거예요!).

### 아짐 프렘지

프렘지는 아이티(IT) 억만장자이고, 이미 재산 중 24조 원 이상을 인도의 학교(특히 시골에 있는 학교)와 거리의 아이들의 삶을 개선하는 데 썼어요. 그런 액수의 돈을 기부할 수 있다고 생각해 보세요. 여러분은 어떤 분야에 기부할 건가요? 프렘지는 교육 분야에 관심이 많아요. 어떤 분야가 여러분에게 그 정도의 열정을 불러일으키나요?

### 토니 엘루멜루

이 나이지리아인 투자자 겸 사업가는 아프리카 대륙을 지원하기 위해 참 많은 일을 했어요. 2015년에는 1만 명의 아프리카인 사업가에게 각각 약 1,200만 원을 기부해서 사업을 시작할 수 있게 했어요. 2017년에는 약 6억 원을 시에라리온에 기부해서, 홍수와 산사태로 피해를 당한 사람들을 돕도록 했고요.

# 착한 소비

제3장에서 소비에 관해서 이야기할 때, **선택** 이야기를 한 적이 있죠? 중요한 선택 중 하나는 누구에게서 상품을 사는가예요. 소비는 일종의 **힘**이에요. 어디에 돈을 쓸 건지 선택하는 건 중요해요.

## 초콜릿 케이크를 나누기

하지만 돈을 쓰기 전에 세금을 내야 해요! 여러분이 직장을 얻고 첫 월급을 타면, 월급 일부가 사라졌다는 걸 알게 될 거예요. 그리고 직장 밖에서 다른 일을 하거나 프리랜서로 일하면 그 돈도 신고하고 거기에 대한 세금을 내야 한답니다. 어렵게 번 돈의 일부가 **휙** 사라져 버리는 거예요. 하지만 세금을 내는 건 중요해요. 여러분이 버는 돈은 초콜릿 케이크 같아요. 초콜릿 케이크 **전부**를 다 먹을 수는 없어요(그건 욕심이 과한 거죠!). 그 대신, 케이크 한 조각을 정부에 세금으로 내야 해요. 여러분의 케이크가 아주 작다면 아무것도 내지 않아도 되지만, 여러분의 케이크가 아주 크다면 중간 크기의 케이크를 가지고 있을 때보다 더 큰 조각을 내줘야 해요.

그럼, 정부는 우리가 낸 세금으로 대체 무슨 일을 할까요? 정부는 그 돈을 도로와 병원과 학교와 공원과 도서관을 짓고 유지하는 데 써요. 소방서나 경찰서, 응급 서비스 같은 것을 실시하고요. 그리고 우리 초콜릿 케이크가 크든 작든 간에, 누구나 이런 서비스를 받을 수 있어요. 그러니까 때가 오면, **세금을 내세요.** 우리가 살아가는 공동체에 **커다란** 도움이 된답니다.

## 공정함을 중요하게 생각하는 기업

여러분이 사는 물건에 대해 생각해 볼까요? 누군가가 어딘가에서 그걸 만들기 위한 원재료를 길렀을 거예요(초콜릿 속 카카오나 티셔츠 속 목화 같은 걸요.). 그 사람들과 그들의 가족에 대해 생각해 보세요. 정당한 봉급과 안전한 노동 환경을 누릴 자격이 있죠? 여러분의 소비 선택은 그 사람들이 그런 것들을 누릴 수 있게 해 줘요. 쇼핑할 때면 '공정 무역' 스티커가 붙어 있는 상품을 찾아보세요. 그 스티커는 그 상품을 만든 회사가 공정 무역을 하기 위해 노력한다는 사실을 증명한답니다.

*착한 사람들에게*

## 상품값 일부를 기부하는 기업

특정한 상품만 그럴 수도 있고, 그 기업이 판매하는 모든 상품에 해당할 수도 있어요. 어차피 그 물건을 살 거라면, 소비와 동시에 기부할 수도 있는 쉽고 좋은 방법이에요. 이런 일을 하는 기업을 발견하면, 어떤 사안을 지원하는지 알아보세요. 기업들은 일반적으로 웹 사이트에서 자신들이 기부한 돈이 어떤 긍정적인 영향력을 발휘했는지 써 둔답니다.

어떤 슈퍼마켓은 온라인으로 물건을 구매할 때 푸드뱅크에 상품을 기부할 수 있게 해 줘요. 다른 슈퍼마켓은 가게에 상자를 마련해서 기증품을 놓아둘 수 있게 하고요. 또는 여러분의 쇼핑 카트에서 충동구매한 물품을 빼고 그 돈의 일부를 기부할 수도 있을 거예요.

## 사회 문제를 해결하는 기업

어떤 기업은 좋은 일을 하기 위해 만들어졌어요. 어떤 기업은 일을 찾기 어려운 사람들을 훈련시키고 고용하기 위해 시작되었어요. 깨끗한 물을 정말로 필요로 하는 곳에 깨끗한 물을 저렴하게 공급하는 일을 돕는 정수 회사도 있어요. 이런 기업들을 지원하는 것은 그들에게 도움을 받는 사람들을 지원하는 것과 다름없답니다.

## 자선 가게

자선 가게에서 물건을 사는 것은 또 다른 기부 방법이에요. 자선 가게는 남긴 수익을 연계된 자선 단체로 넘겨요(하지만 기억하세요. **수익**은 가게를 운영하기 위한 비용을 제외한 다음에 남은 돈이고, 운영비는 상당히 높을 수도 있다는 걸요!). 자선 가게에서 물건을 사는 것의 또 다른 장점은 쓰레기 매립지에 묻힐 운명이었던 물건을 재사용하게 된다는 거예요. 그러니까 환경에도 도움이 되죠!

물건을 사세요!

## 착한 투자

투자를 고려할 때는, 인권, 동물권, 환경 등을 존중하겠다고 약속하는 기업을 찾아보세요. 사실 모든 기업이 그렇게 행동하는 게 맞죠. 하지만 안타깝게도 현실은 그렇지 않아요. 그러니 그렇게 행동하는 기업을 찾아내세요. 어쩌면 태양 전지판을 만드는 기업일 수도 있고, 어쩌면 일자리를 구하기 힘든 사람들을 고용하는 기업일 수도 있어요. 직접 이런 기업을 찾아보지 않아도 돼요. 이런 기업을 찾아내고 걸러 내는 펀드에 투자할 수 있으니까요.

## 착한 일

　착한 기업에서 일하면, 좋은 일도 하고 기부도 할 수 있어요. '**착한 기업**'이란 공정함과 환경에 대해 신경 쓰고 세상을 위해 좋은 일을 하는 곳을 말해요. 만약 직접 사업을 시작한다면 착한 기업을 만들 수도 있을 거예요. 어쩌면 사람들이 일을 간절히 필요로 하는 곳에서 상품을 생산할 수도 있고, 어쩌면 사람들이 일회용 플라스틱 사용을 줄일 수 있도록 돕는 사업을 시작할 수도 있을 거예요. 예를 들어 '러쉬(Lush)'라는 기업은 포장 없는 비누와 화장품을 만들어 팔아요(그리고 환경 단체에 기부도 하죠.). 아니면 다른 사람들이 사업을 시작해서 경제적으로 독립할 수 있도록 돕는 사업을 시작할 수도 있을 거예요. 그게 그라민 은행을 시작한 무함마드 유누스가 한 일이에요.

### 무함마드 유누스, 그라민 은행, 방글라데시

1970년대에 유누스는, 손재주와 기술로 사업을 시작해서 가난을 탈출하고 싶지만 은행 대출을 받을 수 없는 방글라데시 사람들이 있다는 사실을 알게 되었어요. 은행에서 이들이 돈을 갚지 못하리라 생각해서 대출을 해 주지 않은 거예요. 유누스는 공예가 42명에게 무이자로 자신의 돈을 빌려주기로 했어요. 유누스가 빌려준 돈은 아주 적은 금액이었어요. 한 사람당 원자재를 구매하기 위한 금액이 3만 원 정도밖에 안 되었죠. 하지만 이 시스템은 성공적이었고, 유누스는 그라민 은행을 세워서 **소액 대출**('아주 작은 금액의 대출'이라는 뜻이에요.)을 전문적으로 해 주기 시작했어요.

유누스의 소액 대출 프로젝트는 작게 시작했지만, 그라민 은행은 방글라데시에서만 900만 명 이상의 고객(그중 97퍼센트는 여성이죠!)에게 대출을 해 줘서 사업을 시작해 가족을 부양할 수 있도록 했어요. 유누스와 그라민 은행은 2006년에 노벨 평화상을 받았답니다. 오늘날에는 미국 같은 국가에도 지점이 있어요. 왜냐하면 전 세계 많은 사람들이 신용 대출을 받는 것을 어려워하거든요. 그리고 가능하다면 사채업자들과는 엮이고 싶어 하지 않으니까요!

## 기부한다면, 여러분 뜻대로

외부의 압력에 못 이겨 기부하는 일이 있어서는 안 돼요. 어떤 기부 활동 관계자들은 죄책감을 부추기며 기부를 권하기도 해요. 하지만 행복하고 관대한 기분으로 기부하는 것이, 기부하지 않으면 끔찍한 사람이라는 기분이 들어서 기부하는 것보다 훨씬 낫지 않나요? 기부하고 싶다면 언제 기부할지는 **여러분**의 선택이에요. 누구에게 기부할지, 얼마나 기부할지도 **여러분**의 선택이고요. 누가 뭐라고 하든, 지나치게 적은 금액이란 없어요. 그리고 기부할 수 있는 방법도 참 많아요. 주기적으로 기부할 수도 있고, 일회성으로 기부할 수도 있어요. 긴급 재난 등 갑자기 떠오르는 사안에 기부하기 위해 일정 금액을 따로 빼 둘 수도 있어요. 무엇을 하든 간에, 여러분의 마음에서 우러나와야 해요.

## 시간 나눔

지금 여러분은 다른 사람에게 기부할 돈이 별로(혹은 아예) 없을지도 몰라요. 그래도 괜찮아요. 돈이 없어도 기부할 수 있는 게 있거든요. 바로 **시간**이에요. 돈을 기부할 수는 없어도, 시간과 어떤 사안에 대한 열정을 기부할 수 있어요. 이걸 '**자원봉사**'라고 해요.

어디에서 자원봉사를 할지 결정할 때는, 돈을 기부할 때와 같은 과정을 거치면 돼요. 어떤 사안이 여러분에게 의미가 있는지, 그리고 어떤 단체에서 그 사안에 관한 일을 하고 있는지 찾아보세요. 어쩌면 여러분에게서 아주 가까운 곳에 있는 단체일지도 몰라요. 그리고 지금 당장이라도 그들을 위해 할 수 있는 일이 있을지도 몰라요. 여러분의 학교에서 필요로 하는 게 있나요? 지역 도서관이나 급식소는요? 노인 복지관에서 어른 봉사자를 보조할 수 있나요? 어쩌면 기후 위기에 대한 인식을 높이는 데 시간을 기부할 수 있을지도 몰라요. 이런 일은 혼자서 할 수도 있지만, 더 큰 영향력을 발휘하기 위해 다른 사람들과 팀을 이룰 수도 있답니다.

# 요약

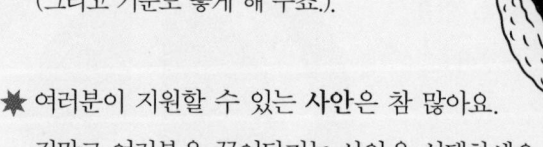

✸ 더 나은 세상을 위해 우리가 할 수 있는 일이 참 많아요. **기부**는 좋은 일이에요 (그리고 기분도 좋게 해 주죠).

✸ 여러분이 지원할 수 있는 **사안**은 참 많아요. 정말로 여러분을 끌어당기는 사안을 선택하세요.

✸ 어떤 **단체**들이 좋은 일을 하고 있는지 알아보세요. 그러려면 조사를 해야 돼요! 여러분이 지원할 단체가 합법적이고 효과적으로 일하는지 확인하고, 여러분의 돈이 어떤 도움을 줄 수 있는지도 확인하세요.

✸ 최소 1개에서 최대 5개까지의 자선 단체를 지원하세요. 여러분의 돈이 지나치게 잘게 쪼개지지 않도록요!

✸ 나이를 더 먹으면, 여러분이 버는 돈 중 일부는 **세금**으로 내야 할 거예요. 여러분이 버는 돈이 초콜릿 케이크라면, 세금은 정부에서 가져가는 케이크 한 조각이에요. 여러분의 케이크가 아주 작다면 아무것도 낼 필요가 없지만, 여러분의 케이크가 크다면 많이 내야 한답니다.

✸ 세금은 중요해요. 정부에서 그 돈으로 학교, 병원, 긴급 서비스 등을 운영하거든요.

✹ **소비=힘**. 어차피 돈을 쓸 거라면, **착한 기업**에 돈을 쓰세요. 그러면 돈을 쓸 때마다 기부하게 되니까요.

✹ 투자할 때, 착한 기업에 투자하세요. 금전적인 이득뿐만 아니라 사회적·환경적 이득도 꾀하는 펀드에 투자할 수도 있을 거예요.

✹ 돈을 벌 때, **선한 영향력**을 발휘할 수 있는 방식으로 돈을 버세요. 좋은 일을 하는 기업을 위해 일하거나, 좋은 일을 하는 사업체를 차리세요.

✹ 내가 진정으로 원하는 기부 행위가 가장 좋아요. 그리고 기억하세요. 누구에게 얼마를 나누는 게 좋을지는 **여러분** 자신만이 결정할 수 있다는 것을요. 오늘은 적게 시작해도, 누가 알아요? 미래에는 큰 기부자가 될 수 있을지도요!

✹ 돈을 기부할 수도 있지만, **시간**을 기부할 수도 있답니다.

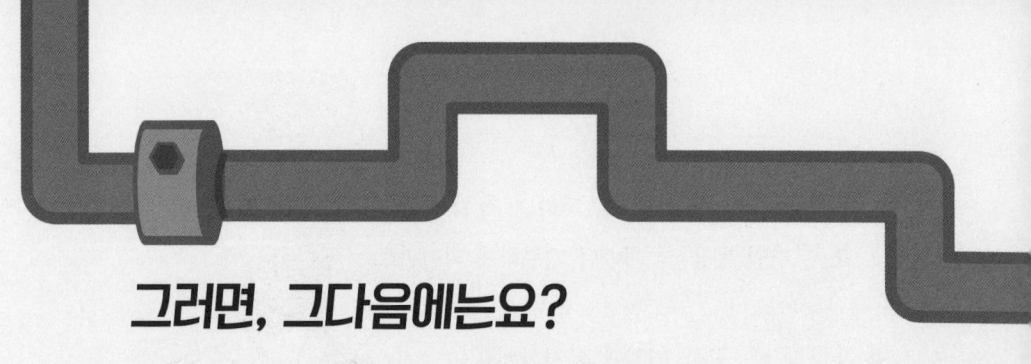

# 그러면, 그다음에는요?

## 좋아요.
## 이제 여러분은 준비가 됐어요.

여러분은 이제 돈에 대해 아주 잘 알아요. 음, 일단 시작할 만큼은 알아요. 원한다면 더 배울 수 있는 게 아주 많지만, 기본은 확실하게 배웠다고 생각해요, 그렇지 않나요? 여러분은 이제 돈을 어떻게 버는지 알아요. 돈을 어떻게 쓸지 결정을 해야 한다는 것도 알고, 그러려면 사실-진짜-정말-완전 필요하지 않은 것들을 제치고 중요한 것들을 우선시해야 한다는 것도 알아요. '필요한 것'과 '원하는 것'의 차이도 알고요. 겉으로는 좋아 보이지만 사실은 이득이 아닌 소비도 눈치챌 수 있고, 광고인들의 교묘한 수법에 넘어가지도 않아요. 그뿐만 아니라 통제할 수 없는 소비를 막는 비밀 무기도 있어요. 즉, 여러분은 가진 것에 만족할 줄 알아요! 광고인 여러분, 애써 봤자 소용없어요!

여러분은 또한 예산 세우기의 천재예요. 예산 초과를 하지 않도록 노력하되, 만약 초과할 것 같으면 소비를 줄이거나 돈을 조금 더 벌 방법을 생각해 내서 틈을 메꿀 거예요. 미래에는 반드시 돈을 빌려야 하는 상황이 올지도 몰라요. 그렇지만 돈을 갚는 데 완전히 집중할 거고, 무슨 일이 있든 간에, 무시무시한 **사채업자**들에게는 절대 가지 않을 거예요!

여러분은 저축으로 돈을 모아 두는 습관이 필요하다는 사실도 알아요. 그리고 '돈을 더 많이 모으기 위해 돈을 모으는 방법'도 많이 배웠어요. 그리고 모은 돈은 어디로 가야 하는지도 알죠? 매트리스 밑에 잘 숨겨 두기, 맞나요? **틀렸어요**. 모은 돈은 모두 은행에 넣어야 해요. 고를 수 있는 은행 계좌가 참 많아요(그리고 정기 예금 계좌나 정기 적금 계좌가 보통 예금 계좌보다 더 이율이 높답니다.).

돈을 불리고 싶다면, 여러분은 그 방법도 이제 알고 있어요. 여러 가지 선택지들이 있죠? 그것들(주식, 채권, 예금 증서 등)은 세상에서 제일 지루한 이름 대회에서 우승할지는 몰라도, 알아 두면 좋은 것들이에요. 다른 더 신기한 투자 품목도 있어요. 미술품이나 금이나 암호 화폐 같은 것들요. 그런 것은 직접 살 수도 있지만, 펀드를 통해서 살 수도 있어요. 하지만 워런 버핏의 말을 기억하세요. 투자처에 대해 잘 알아야 해요!

마지막으로, 여러분은 돈을 기부하는 방법을 알아요. 재산이 많을수록 기부할 수 있는 돈도 많아진다는 사실을 알죠. 비록 세간의 평판이 나쁜 돈이지만, 돈은 아주 좋은 일을 많이 할 수 있답니다. 그건 우리가 돈을 가지고 뭘 하느냐에 달려 있어요. 그리고 기부할 돈이 없더라도, 누구나 시간을 기부할 수 있어요. 시간을 기부하는 것도 중요해요.

자, 그러면 이제 이 모든 걸 잘 알고 있으니, 이 놀라운 세상으로 나가서 즐기세요. **돈을 버세요.** 많이요! 원하는 방식으로 **돈을 쓰세요.** 비상시를 위해 돈을 **저축하세요.** '초초초비상시'를 위해 저축하세요(그런 상황이 일어나지 않기를 바라지만요.)! **돈을 불리세요.** 믿을 만한 투자처에 분산해서 넣어 놓고 우리의 슈퍼히어로 복리의 힘 덕분에 무럭무럭 불어나는 것을 지켜보세요. 재산을 키우세요. 여러분이 꿈꿔 왔던 삶을 살아가세요. 그리고 기부하세요. **후하게 기부하세요.** 내 수준에 맞게 적게 시작해도, 언젠가 큰 기부자가 될 수 있을지도 몰라요. 저는 여러분이 그렇게 됐으면 좋겠어요. 그리고 그럴 수 있다고 믿어요(유치하다고요? 전에 말했듯이, 좀 유치해도 괜찮아요!). 지나치게 먼 미래의 이야기 같나요? 그럼 **오늘**로 돌아와 볼까요? 여러분이 오늘 하는 작은 행동들이 큰 변화를 불러옵니다. 착한 사람들에게 물건을 사는 것, 거스름돈을 기부하는 것, 그리고 가능할 때마다 시간을 기부하는 것 말이에요.

---

**돈은 평판이 안 좋아요. 정말정말 안 좋아요.
그러니까 우리 함께 돈의 이미지를 바꿔 나갑시다.
지금 이 순간부터요.**